Survivre à Auschwitz

NOS DERNIÈRES PARUTIONS

GUY MILLIÈRE

Survivre à Auschwitz

CHEMINEMENTS

À S. D., qui se reconnaîtra,
avec mon amour fraternel.
À Jo Wajsblat, homme debout et courageux.
À Marcel Blumenzak.
À tous ceux qui ont survécu,
qu'ils soient vivants encore au moment
où ce livre paraîtra, ou que la mort
soit venue les prendre.
À ceux, six millions,
qui ont disparu dans la shoah.

À Judith et Margaux, mes filles,
pour qu'elles n'oublient pas,
et que nul n'oublie jamais.

J'ai rencontré Simon très tard, un soir d'hiver. Il faisait froid. L'air était sec et tranchant. Paris semblait désert, vidé de toute vie. Hautain. Indifférent. C'était après la projection d'un film où il était question du peuple juif. Un ami commun nous avait présentés, et m'avait dit que je devais écouter ce que Simon avait à me dire.

J'ai écouté. Les mots sont entrés dans ma tête et se sont disséminés en moi jusqu'à m'imprégner d'une manière indélébile. Je n'ai pu décrire le sentiment qui est venu m'étreindre, et je ne le puis toujours pas. Il faut parfois accepter d'être humble, et je me suis senti très humble. Il faut savoir se taire devant l'horreur lorsqu'elle se fait plus forte : le sentiment du premier instant où le sang se glace peut alors laisser place à la révolte, au cri où la voix se déchire et se perd. Il faut savoir admirer aussi, et j'ai en cet instant, et dans tous ceux que j'ai vécu depuis, trouvé Simon admirable. J'ai eu aussi envie de lui donner de l'amour, beaucoup d'amour, tout en sachant très bien que tout l'amour dont les êtres humains sont capables ne pourrait jamais effacer ce qui ne s'efface pas et ne peut s'effacer.

Je sais que Simon n'est pas le seul à avoir vécu ce qui a broyé sa vie. Certains, par millions, ne sont pas arrivés au bout du chemin et sont tombés, humiliés, asphyxiés, suppliciés, calcinés jusqu'à n'être plus que cendre dispersée dans le vent, et parmi eux, il y a la famille de Simon, toute sa famille.

Je sais que certains font eux aussi partie des rescapés. Je les aime eux aussi de l'amour que je porte à Simon. Et tout comme j'ai honte vis-à-vis de Simon, j'ai honte vis-à-vis d'eux aussi. Honte que, bien avant ma naissance, il ait pu se produire cela en Europe. Honte que tant de gens aient pu se faire complices et, après, aient osé encore se regarder en face sans ressentir la nécessité de s'effacer eux-mêmes de la terre. Honte que, dans les années et les décennies qui ont suivi, le souvenir ait pu s'estomper et se banaliser au point que des pulsions qui ne méritent pas même d'être qualifiées de vomissures puissent aujourd'hui remonter, s'épandre, s'affubler de nouveaux noms. Honte tout simplement d'être un humain après que l'humanité se soit mutilée elle-même de manière aussi répugnante, sur le continent même où est née et a grandi l'idée même de civilisation.

Je sais que certains sont morts dans l'atrocité, et que certains en ont réchappé tout en ayant, comme Simon, laissé derrière eux, contraints et forcés, la plupart de leurs proches.

Je ne sais pas ce que c'est d'avoir connu l'horreur absolue. Je sais que certains pensent qu'il faut laisser le passé au passé, et construire le futur en regardant vers l'avant.

Je pense, moi, que l'horreur absolue qui s'est trouvée symbolisée dans le mot Auschwitz n'est pas si ancienne, puisqu'elle s'est déroulée voici un peu plus de six décennies seulement. Je pense que, quand bien même il y a eu d'autres actions d'horreur barbare sur la planète, celle-là nous concerne tout particulièrement : parce qu'elle a eu lieu non pas sur une terre lointaine, très éloignée de l'Occident, mais ici, en Europe, là où est née la civilisation occidentale. Et je pense aussi que nous n'avons encore qu'à peine mesuré la dimension la plus vertigineuse de ce que signifie, je le dis, l'horreur la plus absolue, commise au cœur de l'Europe, par des Européens, au nom d'idées nées en Europe.

En Israël, tous les ans, à la date de la chute d'Auschwitz, pendant deux minutes, le pays entier s'arrête. Chacun observe deux minutes de recueillement et de silence.

Dans aucun pays d'Europe ne se rencontre une telle marque solennelle de mémoire. On a parlé de repentance sur une multitude de sujets.

On a parlé de la nécessité d'en finir avec la repentance. Il ne s'agit pas, là, de se repentir. Il s'agit de savoir et de garder vivant le souvenir de ce qu'on sait : cela s'est produit, en Europe. Et ce sont des Européens qui ont fait cela.

Il ne s'agit pas de cultiver une culpabilité collective. Il s'agit de garder partout en soi la trace vive de ce qui fut un crime abyssal, et de garder cette trace précisément parce qu'elle dit ce qu'est le mal absolu, et qu'à ne pas se souvenir du mal absolu, on peut le banaliser, voire le laisser remonter à la surface.

Il ne s'agit pas de marquer l'Europe à jamais du sceau de l'infamie, mais, précisément, de lui donner les moyens de rester à jamais vigilante face à l'infamie : en discernant que celle-ci peut venir naître et croître partout, y compris en Europe.

Il s'agit aussi, je le dis, du caractère unique et incomparable de l'horreur absolue qui s'est trouvée symbolisée par le nom : Auschwitz. Ce fut la seule tentative d'élimination totale, absolue, systématique de tout un peuple, la seule tentative à s'être trouvée planifiée, organisée administrativement par un appareil d'État entier, la seule à avoir été organisée industriellement dans un pays développé.

Le Crime commis par des millions d'Européens au milieu du vingtième siècle contre le peuple juif fait de l'antisémitisme bien davantage qu'une forme de racisme : une complicité de l'esprit avec le Crime le plus immonde à avoir été commis sur cette terre.

Je ne sais pas ce que c'est d'avoir connu l'horreur absolue. Je ne sais pas non plus ce qu'a été l'indifférence envers l'horreur absolue alors qu'elle était en train de se commettre. Les passants de Paris au temps de la Grande Rafle ne savaient pas ce qui allait arriver à ceux qu'on conduisait à Drancy, dit-on. Ce qu'on savait, c'était l'existence d'une politique de discrimination et de haine antisémite omniprésente, et cette politique a pu être menée à bien avec la complicité passive des populations.

Je ne sais pas dans ma chair et dans mon âme ce que c'est que vivre après avoir vu ses parents, ses enfants, ses frères, ses sœurs, massacrés, mutilés, suppliciés, et n'en avoir rien gardé, parfois pas même une photographie. Juste en imaginant, mon sang se glace et mon souffle se coupe.

J'ai honte, disais-je. La honte maintenue vive n'implique pas la repentance. Elle implique de conjurer et de transcender la honte, d'identifier le mal, de le combattre dès qu'il point, ne serait-ce qu'un peu. Elle implique de se conduire avec droiture, avec courage, sans faiblir ni fléchir, et de ne jamais rien céder au mal.

Ils sont des milliers à avoir vécu ce qu'a vécu Simon. Certains ont vécu bien pire et ne sont jamais revenus. Certains ont été héroïques.

Parce que j'ai honte, parce que garder la mémoire du mal absolu me semble l'une des tâches les plus essentielles de ce temps, parce que je ne veux jamais rien céder, j'ai vu. Auschwitz. Les autres camps de la mort. Les lieux où l'innommable s'est trouvé accompli par des êtres humains. J'ai parcouru les routes et les voies de chemin de fer. J'ai lu les livres et regardé les photographies. Je me suis rendu à Yad Vachem. J'ai rencontré d'autres survivants, écouté des milliers de mots, vu les films dont ceux, admirables, produits par le Centre Simon Wiesenthal.

Je veux ici seulement, très humblement, ajouter une petite pierre sur le chemin qui, j'espère, contribuera à ce que la vie l'emporte, malgré tout, la liberté, la dignité de tous les êtres humains.

Je veux écrire ces mots pour Simon. Parce que chaque vie est unique et irremplaçable, et que la vie de Simon est unique et irremplaçable, comme celle de tous les membres de sa famille qui ne sont jamais revenus et ne sont plus que cendre dispersée depuis longtemps sur les terres froides de Pologne. Parce que Simon est mon ami, que mon amour pour lui est partout en moi et qu'en l'aimant, je veux aimer ces multitudes anéanties par la shoah. Que seraient-ils devenus ? Quelle aurait été leur trace sur cette terre ? Il m'arrive de penser, comme un écrivain dont le nom m'échappe au moment où j'écris ces lignes, que l'Europe et la civilisation se sont suicidées, voici un peu plus de soixante ans. C'est une immense mutilation. C'est une blessure infinie qui ne se fermera jamais et ne doit pas se fermer. J'y veillerai personnellement, tant que je vivrai.

J'écris ces pages parce que j'ai rencontré Simon, très tard. Un soir d'hiver.

Les mots sont entrés dans ma tête et m'ont rappelé tant de mots, d'images, et surtout, tant de douleurs.

Ils m'ont empli d'amour. Mais aussi de révolte, de colère. Et de courage.

C'est une blessure infinie qui ne doit pas se fermer.

Non.

Paris

Cela commencerait à Paris. Ce serait la fin des années 1930. Il y a les beaux quartiers à l'ouest et les quartiers populaires à l'est. Il y a, au cœur de Paris, des gens venus de toute l'Europe. Il y a des juifs, par milliers. Ils sont venus d'Europe centrale, de Russie, d'Allemagne. Certains sont installés depuis plusieurs générations, d'autres sont arrivés beaucoup plus récemment. Ils ont tous, à des degrés divers, fui les persécutions, les harcèlements, les pogroms. En France, ils ont trouvé un pays de tolérance. Un pays où on se bat pour rétablir l'honneur d'un officier juif injustement condamné est un pays respectable, dit la rumeur. Et c'est vrai. En France, on s'est battu pour que le capitaine Alfred Dreyfus, injustement et ignominieusement condamné, soit réhabilité, et il l'a été. Pour partie. Il y a même eu, en la personne de Léon Blum, un Premier ministre juif. L'antisémitisme n'est pas absent, mais il n'est, à l'époque, absent nulle part. Disons que la France est le moins mauvais pays où l'on puisse vivre alors sur le continent européen. On peut, certes, tenter l'aventure, partir au-delà de l'Atlantique vers les États-Unis, mais depuis le début des années 1920, l'immigration en cette direction n'est plus totalement libre, et puis, il y a un océan à traverser. Certains partent malgré tout. D'autres restent.

La France, c'est incontestablement mieux, alors, que l'Espagne qui vient de connaître une guerre civile et qui vient de voir s'installer la dictature franquiste. C'est mieux que l'Italie fasciste de Benito Mussolini. C'est infiniment mieux que l'Allemagne où Adolf Hitler est au pouvoir depuis 1933, et où les persécutions antijuives ont commencé. Il y a des antisémites en France, mais on ne veut pas trop y penser. On ne veut pas trop penser non plus au fait que c'est en assistant au procès d'Alfred Dreyfus que Théodore Hertzl en est venu à comprendre que l'intégration des juifs et la disparition de l'antisémitisme seraient sans doute impossible tant que les juifs seraient une simple minorité dispersée en diaspora. On veut ignorer, autant que faire se peut, une presse et des ouvrages imprégnés de haine des juifs, une relative indifférence à ce qui se passe plus à l'est. On ne veut pas croire que le pire peut survenir, en France aussi.

Il faudra la débâcle, l'effondrement de l'armée française, la fuite éperdue sur les routes, la détresse, l'humiliation, la stupeur, la panique. Il faudra le vote des pleins pouvoirs au maréchal Pétain par la Chambre même qui avait porté au pouvoir, quatre années auparavant, le Front populaire. Il faudra que s'enclenche la collaboration, l'État français. Vichy.

Les lois « antijuives » viendront vite : le « statut des juifs » est fixé dès le 3 octobre 1940. Les juifs sont exclus de la fonction publique, du journalisme, du théâtre, du cinéma, de la radio. Les entreprises de la « zone occupée » sont « aryanisées ». Celles de la zone dite « libre », le seront quelques mois plus tard, pour éviter une « intervention allemande », sera-t-il dit : comme si les pétainistes avaient vraiment besoin de faire du zèle pour éviter une « intervention allemande ». Ainsi que l'écrira Otto Abetz : « Le climat antisémite au sein du peuple français est tellement fort qu'il n'a pas besoin, de notre part, d'être renforcé. » Le zèle, ensuite, ne se démentira pas, jusqu'aux derniers moments qui précéderont la « Libération ». La police française arrêtait encore des juifs à Paris quelques semaines avant que la division Leclerc n'y fasse son entrée. Des policiers, collaborateurs la veille encore, deviendront « résistants » le lendemain, et tellement de Français, alors, deviendront « résistants ».

Avec les lois « antijuives » viendront, au fil des semaines, les arrêtés, les interdictions pour les juifs de se rendre dans les squares, les piscines, les établissements publics, les salles de cinéma, puis la nécessité de se faire « enregistrer » selon des procédures qui faciliteront les rafles ultérieures, la mention « juif » sur les papiers d'identité qu'il fallait avoir obligatoirement sur soi, l'étoile jaune qu'il fallait coudre sur ses vêtements et que chacun devait porter comme un signe d'infamie, une stigmatisation, une marque d'indignité : hommes, femmes, enfants.

La population française non juive a appris la haine, le mépris, la discrimination. On lui a inculqué la rumeur, les préjugés, l'envie ou, ce qui est presque pire, l'indifférence passive au malheur et à l'humiliation des autres. Une accoutumance graduelle à l'abjection qui s'est faite graduellement, par étapes, comme un cliquetis, un engrenage qui fonctionne quotidiennement et qu'on peut finir par trouver logique.

Il y eut des braves gens indignés et réprobateurs, et certains d'entre eux ont caché des réprouvés et des stigmatisés, discernant que le ciel décidément se faisait très noir et qu'un orage inédit se préparait, mais pour quelques-uns de ceux qu'on appellera plus tard les « justes », combien d'autres qui détournent les yeux, sourient de façon narquoise, envoient un crachat ou une insulte, recourent à l'hypocrisie. Les affichettes incitant à ce genre de comportement sont partout, la radio diffuse le message, les journaux. On va au square et on ne prête plus attention au panneau « interdit aux juifs », on se rend au spectacle, et on ne fait pas attention non plus au panneau à l'entrée.

La population juive voit sa vie se rapetisser, se restreindre, s'asphyxier. Elle voit les regards se poser sur elle. Elle se replie, et on pourra l'accuser de se replier. Elle devient différente, plus pauvre, et on pourra l'accuser d'être différente, plus pauvre. Ce n'est pas le ghetto comme en Europe centrale. Ce ne sont pas les pogroms, mais cela commence à y ressembler. La menace se fait sournoise, omniprésente, imprègne l'air qu'on respire comme un poison, une moisissure. On peut, quand on est en « zone occupée », tenter de gagner la « zone libre » et faire appel à des passeurs qui risqueront de vous détrousser de vos économies et de vos derniers bijoux. On peut tenter, à Paris, de vendre ses biens avant d'essayer de partir, et se faire voler ou assassiner par des criminels opportunistes et sans le moindre résidu de scrupule. C'est un temps blafard, crépusculaire, vénéneux, émétique, épuisant. Cela ressemble à une nasse qui se serait sournoisement refermée.

Simon est adolescent à l'époque. Il voit la souffrance et la sent s'incruster en lui, comme une crasse qu'on ne pourrait laver. Il voit la vie de sa famille devenir plus étroite et minuscule. Il entend ce qui se dit à la radio. Il entend les mots qu'on lui jette, aussi. Il ne savait pas, jusqu'alors, que « juif » pouvait être une insulte, et que l'insulte, à peine jetée, pouvait conduire à une pluie de coups : être « juif » à l'époque, c'est avoir tort, par définition, presque par essence. Et on ne peut pas se défaire de ce mot qui, désignant un peuple et une religion, a pris dans les bouches écumantes, tordues et aigres des invectiveurs une autre tournure : on ne peut cesser d'être juif. C'est inscrit dans la généalogie, dans le nom et le prénom, dans le corps même.

Les chrétiens, ou tout au moins un trop grand nombre d'entre eux, oubliant que le christianisme doit tout au judaïsme et que Jésus, comme ses disciples, était juif, pratiquent depuis longtemps l'antisémitisme en invoquant le discours pervers qui parle de peuple « déicide ».

Chez les catholiques, en particulier, on moque, on raille et lacère l'idée de « peuple élu » en en falsifiant haineusement le contenu, et en oubliant de dire que la traduction adéquate serait « peuple choisi », désigné pour être vecteur de la Loi. On prétend garder la Loi en piétinant le peuple, sans discerner qu'ainsi, on viole la Loi à un degré si fondamental qu'il en reste infiniment moins que rien.

Simon ne savait pas tout cela. Il le découvre. À l'âge où la vie commence vraiment et où, dans la plénitude de la jeunesse, tous les rêves peuvent se dessiner, on lui interdit de rêver, on rature son horizon, on le lacère, on le salit. Mais ce n'est que le début.

Simon perdra d'abord son père, Abraham, qui avait été soldat et s'était battu pour la France, « engagé volontaire », et qui futarrêté un jour de mai 1941 où il avait été convoqué par les gendarmes : pour un « examen de situation », lui avait-on dit. Qu'est-ce qu'un soldat qui s'est battu pour la France aurait dû craindre de la police française ? Tout, apparemment. Absolument tout, puisque Abraham ne reviendra jamais.

Simon verra s'évanouir ensuite le peu d'illusions qui pouvaient lui rester. « On n'arrêtera pas les femmes et les enfants », lui a-t-il été dit. Quelque temps plus tard, pourtant…

Le policier qui viendra arrêter Simon et le reste de sa famille, à l'aube du 16 juillet 1942, était un policier qu'il croisait tous les jours et qui, jusqu'à ce moment-là, semblait gentil, sympathique, bienveillant. « Il nous disait : Les enfants, faites bien attention en traversant la rue. »

Parce que l'ordre est venu, parce que c'est le jour où, sous l'égide d'un certain René Bousquet se trouve organisée la Grande Rafle, celle qui conduira ceux qu'on emmène au Vélodrome d'Hiver avant de les emporter à Drancy, puis, bien plus loin, derrière des barbelés en Allemagne ou alentour de Cracovie, le policier, toujours gentil, sympathique et bienveillant, mais désormais ferme, impitoyable, impassible, dira qu'il est temps de partir, qu'on peut emmener quelques affaires pour le voyage. Vite. Dans une valise.

Et puis, ce sera l'autobus où l'on s'entasse. Le Vélodrome où l'on est parqué. Quatre jours entiers. Des scènes de désespoir. « Des femmes se jettent dans le vide avec leurs nourrissons dans les bras. » L'autobus encore, et les passants qui crachent leur fiel. « Des youpins en moins, cela fait des appartements et des bons d'alimentation en plus. »

Et puis : Drancy pour quelques jours. Beaune-la-Rolande et ses baraquements. Les privations. La maladie. Les brutalités. La nourriture qui manque et qui a un goût de pourriture, mais qu'il faut bien avaler, quand même. Les membres des « forces de l'ordre », là, ne sont plus aimables. C'est devenu inutile. Le masque peut tomber. Ceux qu'ils gardent sont-ils vraiment des êtres humains ? Ce ne sont que des « juifs », leur a-t-on appris. Dans des films documentaires qu'on leur a montrés, les juifs ont été décrits comme des singes, des insectes, des êtres répugnants et inférieurs, alors qu'eux, ils sont d'une autre espèce, non ?

L'exposition « Le juif et la France » avait été inaugurée le 6 septembre 1941, au Palais Berlitz. À l'entrée, trônait une immense statue de marbre blanc montrant « la France se dégageant de l'emprise juive », comme disait la brochure de l'époque. Des bustes détaillaient les différences physiques permettant de reconnaître « le juif » et de le distinguer du beau et bon aryen. Les thèmes étaient détaillés : les juifs voleurs, ploutocrates, banquiers aux doigts crochus, détrousseurs de l'épargne des « bons Français ». Les juifs abrutisseurs, propagandistes, colporteurs de mensonges, pourrisseurs des esprits, destructeurs de l'intelligence. La France, dit un commentateur convaincu dans un reportage d'actualités très diffusé à l'époque s'était « enjuivée », surtout « depuis 1936 ». Heureusement, on commençait à y mettre bon ordre. Cela n'était pas dit, mais on pouvait aisément imaginer que le nettoyage antijuif devait, dans la foulée, être mené jusqu'à son terme ultime.

La rafle du Vélodrome d'hiver qui a emporté Simon, sa mère et son petit frère a eu lieu à peine plus de dix mois plus tard.

Les policiers de la rafle, les gendarmes de Drancy ou de Beaune-la-Rolande n'étaient pas tous allés à l'exposition, mais ceux qui s'y étaient rendus pouvaient raconter aux autres, leur expliquer. Tous pouvaient se dire qu'ils faisaient leur « devoir », qu'ils se conduisaient en

« patriotes », qu'ils contribuaient à édifier une nouvelle France et une « nouvelle Europe ».

Il n'y avait pas d'hygiène à Drancy, et pas davantage à Beaune-la-Rolande, pas d'installations sanitaires. Ceux qu'on gardait enfermés devaient porter, au jour le jour, les mêmes vêtements. La nourriture, si infecte et si rare, faisait son effet. La maigreur, les parasites qui s'accrochent à la peau et s'y incrustent, les poux. Les gendarmes ne pouvaient avoir la moindre compassion, vous dira-t-on. Ceux qu'ils gardaient, de jour en jour, ressemblaient de moins en moins à des êtres dignes de compassion. Il y avait des malades qu'on ne soignait pas. La moindre incartade valait les plus brutales punitions, un traitement qu'on n'aurait osé imposer à des animaux. Simon ne m'a parlé de cela que par bribes. J'ai respecté sa pudeur.

Lorsqu'on s'efforce d'ôter à des êtres humains leur dignité, lorsqu'on ne les traite plus comme des individus, mais comme des fragments d'une masse qu'on entend réduire à l'état cloacal, lorsqu'on les place sur la pente abrupte d'une destruction de tout ce qui fait leur dignité et que la pente semble conduire vers le néant, lorsqu'on leur arrache un à un leurs espoirs et leurs espérances comme on leur arracherait les ongles et les yeux, quand ils survivent, les êtres humains qui ont vécu cela ne veulent plus se souvenir. Et puis, dans leurs souvenirs qui reviennent quand même, il y a le fait qu'ils ont vécu cela en compagnie de centaines et de milliers d'autres, que parmi ces autres se trouvaient des proches, un frère, une grande sœur, un père, une mère, un oncle, des cousins, des gens qui se sont retrouvés nus et sales devant vous et qui ont été broyés intérieurement d'avoir été placés, nus et sales devant vous, mais qui, dans les lueurs de conscience que leur laissaient les privations, pouvaient discerner que vous aussi vous vous étiez retrouvé nu et sale devant eux, broyé intérieurement comme eux. Pour Simon, il y a eu les derniers moments passés avec sa mère et son petit frère, furtivement, dans la douleur. Et puis l'arrachement, le premier qui part, sa mère, puis le second, son frère. La solitude qui brise, déchire.

J'ai respecté la pudeur de Simon, oui. Je respecte infiniment la pudeur de tous ceux qui sont passés par là. J'en parle seulement parce que ce doit être dit, jusqu'au bout.

Combien des policiers de Paris et de gendarmes de Drancy ou de Beaune-la-Rolande ont survécu ? Combien se sont-ils rhabillés dans la défroque du « résistant » de onze heures cinquante-neuf minutes ? Comment ont-ils pu vivre encore sans être submergés par le dégoût d'eux-mêmes, sans en vomir et sans se noyer dans leur propre vomissure ? Ils n'étaient pas les seuls, diraient-ils. Ils ont fait leur « travail ». Adolf Eichmann dira, lui-même, lors de son procès, qu'il « obéissait aux ordres ». C'est tellement facile d'obéir aux ordres et de laisser sa conscience et toute forme de morale au vestiaire. On rentre chez soi. On embrasse ses enfants. On dîne. On parle avec sa femme. « Comment a été la journée ? » « Fatigante. J'ai dû cogner sur quelques récalcitrants. Et puis, ils puent tellement. Allez, je me suis lavé les mains. Parlons d'autre chose. »

Simon, sa mère, son petit frère, tous leurs semblables, eux, tant qu'il restait un peu de temps, ne pouvaient pas parler d'autre chose. Ils survivaient. Un jour de plus. Une semaine. Une autre semaine encore. Ils ne savaient plus. Ils perdaient tout repère. Ils s'accrochaient aux mots des pauvres gens. Ils écrivaient : on les incitait à le faire pour, leur disait-on, donner des « nouvelles à leur famille ». Mais très vite, la rumeur a fait comprendre qu'il s'agissait, de la part des tortionnaires, d'une manière particulièrement perfide et mensongère d'obtenir l'adresse d'autres juifs à arrêter et à déporter.

Alors, ils ont écrit clandestinement, en se cachant, sur de malingres morceaux de papier qu'ils ont fait sortir vaille que vaille ou qu'ils ont jeté : comme des naufragés une bouteille que les flots pourront conduire, peut-être, vers un rivage. Certains, à les lire aujourd'hui, semblent croire encore à une lueur. La plupart ne sont pas en ce cas et parlent de « dernière lettre ».

À partir de juillet 1943, les Allemands reprennent eux-mêmes le contrôle des « camps de transit ». Les gendarmes et les policiers français n'ont plus qu'à procéder aux arrestations. À l'époque, ils savent, pour la plupart, que l'intégralité de ceux qu'ils livrent est vraisemblablement condamnée à une mort atroce, mais, semble-t-il, ils ne veulent pas y penser, surtout pas. « Si je ne l'avais pas fait, cela aurait été quelqu'un d'autre », m'a dit, bien plus tard, un policier à la retraite, après m'avoir jeté, sans davantage de culpabilité, qu'il « en était » en 1942 : sur son visage, il y avait la mine un peu navrée de celui qui vient de vous glisser, désolé, qu'il a légèrement éraflé votre voiture. Et c'est exact : il « en était » en 1942. Il n'était pas le seul. Si ce n'était pas lui, cela « aurait été un autre ».

Les employés des chemins de fer qui conduisaient les trains et se chargeaient de l'acheminement avaient le même genre de raisonnement.

Le genre de raisonnement qui conduit des peuples entiers à participer aux pires crimes tout en se disant qu'il n'y a rien de grave. « C'est vieux, tout cela », avait ajouté le policier. Quand j'ai fait cette rencontre douteuse, je ne connaissais pas Simon. J'avais quitté le policier imprégné d'un malaise. Pour moi, ce n'était pas si vieux, non...

Pour ceux qui sont passés par Drancy ou Beaune-la-Rolande et qui ont survécu, comme Simon, c'est encore présent dans leur mémoire. Ceux qui ont pris le train, destination néant, n'ont jamais eu l'occasion de savoir si un jour tout cela serait vieux.

Soixante-dix mille personnes sont passées par Drancy, deux mille sept cent soixante-treize exactement par Beaune-la-Rolande. Moins de deux mille, en tout et pour tout, ont survécu. Simon est l'un d'entre eux. Juste l'un d'entre eux. Un sur moins de deux mille. Les forces allemandes ont fermé Beaune-la-Rolande le 4 août 1943. Elles ont quitté Drancy le 16 août 1944 : après avoir brûlé toutes les traces de ce qui s'était passé. C'était soixante-dix jours après le Débarquement en Normandie.

Simon a été enfermé à Drancy, trois jours, avant d'être emmené à Beaune-la-Rolande pour un peu plus d'un mois, pendant l'été 1942. Ses souffrances, déjà, étaient immenses. Comme celles du reste de sa famille. Comme celle de milliers d'autres. Son père était mort dans le brasier d'Auschwitz-Birkenau. Sa mère allait partir vers le pire avant lui. Son petit frère aussi : « Il n'avait que douze ans. »

Puis ce sera le tour de Simon. Il a, alors, au plus profond, vu la mort se tracer sur le visage des plus faibles, des plus âgés, de ceux qu'on avait assassinés d'une balle dans la tête, et que d'autres prisonniers ont dû emmener hâtivement, comme on emporte un sac de linge sale.

Mais ce n'était que le commencement.

Il y eut, ensuite, le train de marchandises. Les pauvres hères qu'on entasse dans les wagons. Les ordres hurlés par des soldats certains d'appartenir à une race supérieure. Le train qui roule interminablement avec, pour ceux qu'il transporte, la faim, la soif, la chaleur, puisque, pour Simon, ce fut l'été. Pour d'autres, il y eut le froid, la glace.

« À ce moment, ceux qui n'avaient pas compris avant comprennent qu'il n'y aura peut-être pas de retour », m'a dit Simon. « Ils comprennent qu'il n'y a sans doute plus d'espoir. »

Savent-ils ce qui les attend ? « Non : ils le pressentent. On parle de camps de travail, ou on ne parle pas. Même ceux qui parlent de camp de travail n'y croient pas. Cela les rassure et leur permet de vivre encore un peu. Certains murmurent qu'on tue, à l'est, qu'une fois débarqués, on est conduit vers des lieux qui ressemblent à des usines, avec des cheminées très hautes qui crachent une fumée âcre et noire qui sent la chair calcinée. On les écoute avec effroi, mais nul ne veut y croire. C'est tellement impensable. »

Nazisme

Cela continuerait en Allemagne. Pendant l'été 1942. À l'époque, le nazisme est à son apogée. L'offensive en Russie stagne, mais il n'est pas clair encore que la bataille de Stalingrad va se transformer en un grand piétinement barbare où les soldats de deux totalitarismes se massacreront les uns les autres dans une ville réduite à un champ de ruines et de décombres où pourriront les cadavres. Les troupes de Rommel en Afrique vont bientôt commencer à reculer, mais le débarquement américain en Algérie n'aura lieu qu'à l'automne suivant, en novembre. Le pays entier est tourné vers la guerre. Les hommes sont au combat. La société entière est militarisée. La « solution finale de la question juive » (*Endlösung der Judenfrage*) est en marche. La conférence de Wannsee s'est tenue le 20 janvier exactement, et on connaît la teneur des débats, puisque les documents seront préservés et pourront être produits comme pièce à conviction lors du procès de Nuremberg. Les assassinats et massacres avaient commencé plus tôt, dès l'été 1941, avec l'activité des *Einsatzgruppen*, destinée à faire disparaître l'intégralité des juifs de Russie et des territoires soviétiques.

Les camps de concentration existaient déjà. L'extermination de masse par le recours aux chambres à gaz et aux fours crématoires, elle, vient de commencer.

Officiellement, la population allemande ne « savait » pas. Il faudrait en déduire que les soldats, les gardiens de camp, leur famille ne voyaient rien, n'entendaient rien, et n'étaient, tant qu'à faire même pas là au moment des faits, y compris ceux qui résidaient à proximité. Il faudrait en déduire que ceux qui voyaient passer, à un degré de circulation intense, des trains qui, à l'aller, étaient pleins à en craquer de gens entassés et qui, dans l'autre sens, repassaient vides, pouvaient imaginer que les milliers de gens qui avaient fait un aller simple disparaissaient mystérieusement sans laisser de trace et n'étaient plus nulle part.

On pourrait aussi très aisément se dire qu'on « savait » beaucoup plus largement que cela ne s'est dit plus tard, mais que c'était le genre de sujet dont on ne parlait pas pendant que « cela » se produisait, et dont on a encore moins, bien moins, infiniment moins parlé « après ». « Vous aviez eu des sympathies pour les nazis, mon bon monsieur ? » « Non, ou alors pas vraiment, j'étais un peu forcé. Cela n'était pas simple. »

On pourrait dire qu'Hitler a été élu au suffrage universel et n'était pas un marginal, que ceux qui s'engageaient dans le Parti de façon très volontaire étaient nombreux, qu'il y a eu une adhésion vaste et enthousiaste au national-socialisme, que, pendant des années, Hitler est apparu au peuple allemand comme un sauveur, celui qui allait redresser le pays. On pourrait assurer, documents à l'appui, que la guerre a été soutenue par des foules immenses, et ne posait pas de problèmes majeurs à une très grande majorité d'Allemands tant que l'Allemagne était en position de gagner et d'unifier l'Europe sous la gouvernance du grand Reich où les aryens, la race des seigneurs et des guerriers, dominerait sans que son sang puisse encore se mêler à celui des impurs et des inférieurs, des bâtards et des estropiés, des déviants et des sous humains.

Après la guerre, il fallait rebâtir, je sais. À la seconde guerre mondiale a succédé la guerre froide et la nécessité d'endiguer l'Union soviétique, l'Allemagne devait être reconstruite, et quand bien même des condamnations ont été prononcées, il n'était pas possible de condamner tous ceux qui s'étaient rendus coupables, et avaient laissé des cadavres au bout de leurs gestes et de leurs mots.

En 1942, l'Allemagne est *judenrein*, vide de toute présence juive ailleurs que dans les camps. Les juifs ont depuis longtemps été non seulement spoliés de leurs biens, mais déportés, assassinés ou réduits à l'état spectral de squelette livide aux chairs consumées par les privations. La Nuit de cristal, *Kristallnacht*, s'est déroulée près de quatre années auparavant, dans la nuit du 9 au 10 novembre 1938. La presse française, anglaise, américaine en a rendu compte à l'époque, mais l'indignation s'est vite éteinte. Hitler et ses sbires se sont cyniquement appliqués ensuite à faire la démonstration que personne ne voulait des juifs d'Allemagne. Strictement personne. Quelques jours à peine avant la « Nuit de cristal », des juifs allemands d'origine polonaise avaient été conduits à la rivière qui marquait la frontière avec la Pologne, et forcés à traverser. Les soldats polonais les avaient repoussés rudement. Les soldats allemands les avaient repoussés à leur tour vers la Pologne, et il en fut ainsi plusieurs jours, sans que ces gens reçoivent abri ou nourriture : fin octobre, dans une région où le froid commence à venir à ce moment de l'année. Une conférence s'était tenue à Évian en juillet 1938, suite à l'absorption de l'Autriche par l'Allemagne nazie. Le représentant du Canada avait déclaré à cette occasion que « l'admission des juifs au Canada constituerait pour le pays une menace plus grande encore que celle représentée par Hitler ». Le Royaume-Uni, lui, ne voulait pas voir s'envenimer la situation sur le territoire du Mandat palestinien, d'autant plus que le grand mufti de

Jérusalem, principale autorité spirituelle pour les Arabes de Palestine avait déjà marqué sa sympathie intense pour le nazisme. La France, comme les trente autres pays participants s'était tue, désolée, très désolée. Les États-Unis aussi.

Le 15 mai 1938, le paquebot Saint Louis avait quitté Hambourg avec, à son bord, 907 juifs en quête de refuge. Le Saint Louis a traversé l'Atlantique et fait escale à Cuba, en Uruguay, au Paraguay, à Panama, avant de rebrousser chemin vers l'Allemagne et de restituer ses passagers aux nazis. Le Saint-Louis s'est trouvé dissuadé par la marine des États-Unis d'approcher des côtes du pays. Personne ne voulait des juifs, non. Il fallait bien en faire quelque chose. Hitler a trouvé la « solution » de toutes les solutions. La presse et la radio allemandes n'étaient pas en reste.

En traversant l'Allemagne, Simon, comme ses compagnons d'extrême infortune, savait qu'il entrait en territoire hostile, plus hostile encore que celui qu'il avait quitté en quittant la France. Il n'avait guère d'espoir en quittant la France. Il avait moins d'espoir encore après des heures passées dans un train de marchandises. Il était faible, amaigri, diminué. Il était, physiquement, marqué par la différence radicale que créent l'extrême dénuement et la famine subie.

C'est dans les profondeurs des terres du Reich que la porte du wagon s'est ouverte. Un soldat allemand interpelle les déportés et leur demande leur âge. Simon parle un peu l'allemand et répond « dix-huit ». Le soldat lui fait signe de descendre. Il échappe au pire. Il se retrouve dans un lieu de travail forcé, à Kosel. Travail pénible. Ramassage de pierres au fond d'une rivière. Transport de sable. Il est envoyé, ensuite, plus loin à l'est, à Tzebinia, en Pologne. Il s'évade une première fois, avec trois autres déportés, en coupant les barbelés avec une pince dérobée. « Les fils n'étaient pas électrifiés. Nous portions encore nos vêtements civils. » Il prend le train, de gare en gare, par brefs voyages, furtivement. Il rejoint Stuttgart, Leipzig, Berlin. Erfurt, enfin, où il est arrêté, remis à la police, puis à la Gestapo.

« J'ai raconté une histoire », m'a dit Simon. « Je me suis fait passer pour un ouvrier volontaire à qui on avait volé ses bagages, et on m'a cru, aussi invraisemblable que cela puisse paraître. » Simon se voit même remettre un passeport de travailleur en Allemagne avant d'être libéré. Il est placé dans une menuiserie, puis dans une entreprise de limonade. Il reprend le train. Pour Francfort, puis pour Paris. Il sera arrêté dans le train. « J'avais un passeport, mais pas de permission. » Il sera emmené à Worms, puis à Sarrebrück. En enquêtant, la Gestapo trouvera une photo qui avait été prise de lui, comme des autres déportés, à son arrivée à Kosel. La Gestapo comprendra que c'est un juif évadé.

« Qu'est-ce qu'on fait avec ce porc ? Est-ce qu'on le pend tout de suite ? », demandera un soldat. « Non, on va l'envoyer à Auschwitz, et il crèvera là-bas », a répondu un autre. Simon fut frappé, cogné, roué de coups. Puis, ce fut le train à nouveau. Simon ne veut plus se souvenir de ce train-là. À en parler, sa voix se brise.

On pouvait donc se déplacer en Allemagne ? « C'était difficile, vraiment très difficile. Il fallait se cacher, se méfier de tout le monde, être sur ses gardes, savoir que les contrôles étaient omniprésents. Mais quand on sait qu'on risque la mort, on a toutes les audaces et toutes les énergies. » Certains Allemands étaient-ils secourables et avaient-ils échappé à la haine ambiante ? « Oui, et je le dis : ce sont des prostituées qui m'ont aidé à Berlin. Je n'ai, depuis, plus jamais eu le même regard sur les prostituées. Elles m'ont donné un peu d'argent et du pain. Elles ne savaient pas que j'étais juif, mais elles savaient que je me cachais. Plus tard, quand j'étais aux mains de la police, j'ai vu des affichettes qui parlaient d'Allemands qui avaient été fusillés parce qu'ils avaient refusé de se soumettre. J'ai vu qu'il y avait eu des résistants allemands. J'ai été en cellule avec un déserteur allemand. On l'a appelé pour le fusiller. Je l'ai embrassé avant son départ. Il n'avait que vingt-deux ans. J'en avais dix-huit. »

En février 1943, lorsque Simon est arrêté et renvoyé vers l'est, l'Allemagne est *judenrein*, vide de toute présence juive, je l'ai dit. Ou plus exactement, les juifs qui survivent se cachent, rares, très rares. Ou se glissent entre les mailles du sombre filet tressé par Hitler.

Mais de mois en mois, les mailles se font toujours plus serrées.

En février 1943, il reste des Allemands debout. Quelques-uns. Fort peu. Ils tombent sous les balles des fusils et des mitrailleuses.

Officiellement, la population allemande ne « savait » pas. Dans les faits, c'était très différent. « Tout le monde savait », m'a dit Simon. « J'ai entendu tant de mots. Il n'y a pas eu que les soldats qui m'ont arrêté et qui ont voulu me pendre avant de m'envoyer vers le lieu où j'étais censé mourir. »

Il ne devait pas y avoir de retour, non. Il ne devait plus rester un seul juif sur la surface du monde. Plus un seul. Hitler l'avait écrit et l'avait vociféré dans ses discours.

Il avait mis la machine en marche. Rien n'était censé l'arrêter. Tout avait été prévu. Minutieusement. Froidement. Wannsee. Le 20 janvier de l'année 1942. Les gens qui ont conçu l'abjection étaient intelligents, cultivés. Ils étaient passés par l'université. Certains avaient soutenu une thèse de doctorat. Ils lisaient Goethe et Schiller. Ce n'étaient pas des brutes au front bas. C'est, aujourd'hui encore, ce qui pétrifie d'effroi celui qui ose y songer.

Les gens qui ont mis en œuvre l'abjection n'étaient pour la plupart, pas non plus des brutes au front bas. C'est, aujourd'hui encore, ce qui conduit à s'interroger, parfois, sur ce qui fait l'humanité en l'être humain.

Auschwitz

Oswiecim, nom polonais de la ville. Cinquante kilomètres à l'ouest de Cracovie. Le sud de la Pologne. *Vernichtungslager*, camp d'extermination. Il y avait trois camps, en fait. Auschwitz, Birkenau et Monowitz, seul le second des trois était destiné aux tâches indicibles. Il y avait, alentour, une quarantaine de camps satellites. Des juifs sont morts là, assassinés en masse, systématiquement, par des hommes imprégnés d'un dogme que les plus monstrueux des monstres de tous les siècles passés n'auraient osé imaginer. Je dis : des hommes, mais à mes yeux ceux qui ont fait cela n'étaient plus dignes du nom d'hommes. Il serait même indigne et insultant envers les animaux de dire qu'ils se sont livrés à des actes de bestialité : aucun animal n'aurait cette perversion, aucun animal ne pourrait. Il leur fallait l'intelligence d'être humains pour servir des fins qui les ravalaient, eux, bien en deçà de la bestialité. Les mots me manquent pour décrire. Les mots devraient manquer à tout jamais. Et c'est parce que les mots devraient manquer à tout jamais que cela ne doit jamais s'effacer, et qu'il doit être possible jusqu'à la fin des temps de dire :

cela s'est passé. Le Crime fut commis de manière minutieuse et organisée.

Ont participé au Crime ceux qui conduisaient les trains et ceux qui veillaient aux aiguillages et aux signaux lumineux, ceux qui ont conçu et construit les bâtiments, les chambres à gaz, les fours de crémation, ceux qui ont fourni les barbelés, les briques, le ciment, le bois dont on a fait les poutres et les poteaux, ceux qui produisaient l'électricité, les fusils, les balles des fusils, ceux qui ont contraint des prisonniers à fabriquer les moyens de leur propre destruction. Ont participé au Crime ceux qui savaient et se sont tus, ceux qui ont dit qu'ils ne savaient pas et qui n'ont pas voulu savoir, ceux qui ont conditionné le Zyklon B et l'ont détourné de son rôle d'insecticide, ceux qui travaillaient à l'époque et ont travaillé après, encore, pour l'entreprise Degussa ou sa succursale Degesch, ceux qui ont tué en dehors des chambres à gaz en laissant mourir peu à peu de faim, de maladie, de violences diverses. Le Crime a eu d'autres faces aussi, puisque c'est à Auschwitz que le docteur Josef Mengele s'est livré à des expériences auxquelles le marquis de Sade, en ses moments les plus excrémentiels, n'aurait osé songer.

Il y eut d'autres camps d'extermination : Belzec, Chelmno, Majdanek, Sobibor, Treblinka. La mort était fréquente et presque aussi atroce dans des lieux qui étaient, seulement, camps de concentration : Dachau, Buchenwald, Mauthausen, Ravensbrück. La machine de mort nazie a tissé sa toile glacée de l'Alsace à la République tchèque, de la Croatie aux pays baltes.

Auschwitz est l'épicentre, le lieu matriciel et stérile, celui où la liste des disparus est la plus longue et la plus accablante, celui où le dispositif a eu sa charge réelle et symbolique la plus forte. C'est à Auschwitz qu'il faut aller, pour vraiment comprendre. On gazait, on brûlait, on gardait les vêtements, les chaussures, les bagages, les objets divers, les portefeuilles, les sacs à main, les lunettes, les dents en or. On faisait le tri. On rangeait. À la descente du train, on triait d'abord les gens. D'un côté, ceux qui allaient vivre encore un peu et qu'on ferait crever plus tard. De l'autre, ceux qu'on envoyait se faire gazer immédiatement, bébés compris. Pour que le simulacre soit à peu près complet et qu'il n'y ait pas de révolte ou de désordre excessif, un orchestre jouait pour accueillir ceux qui descendaient des wagons. Les nazis avaient demandé à certains, en Belgique, par exemple, de payer leur aller simple. Ils devaient, disait le discours officiel, partir travailler au développement de nouvelles zones agricoles, et n'avaient pas à s'inquiéter.

Simon est arrivé à Auschwitz tardivement, en mars 1943. C'est, pour partie, ce qui l'a sauvé.

En sortant du train, m'a-t-il dit, il s'est mis à marcher un peu plus vite. Dans la cohorte de ceux qui arrivaient, espérance insensée, il avait cru apercevoir sa mère, qu'il n'avait revue depuis Beaune-la-Rolande. « Si tu savais ce qui t'attend, tu courrais moins vite », lui avait lancé un SS sarcastique. Un ordre hurlé, le cliquetis d'une arme prête à servir, et il avait ralenti. Comme il avait montré qu'il lui restait quelque vigueur, il fut considéré apte au travail et ne prit pas la direction de la mort immédiate.

Après avoir été rasé, dépouillé de ses vêtements, revêtu de la lugubre tenue rayée, tatoué à l'encre bleu sombre des six chiffres indélébiles sur l'avant-bras, « comme un objet » ou un morceau de viande, il fut envoyé à Birkenau, puis à Auschwitz 1, bloc 11. Enfin à Buna-Monowitz. Dans un atelier de production de caoutchouc synthétique. Là encore, la voix de Simon se brise. Les privations extrêmes. La faim qui ronge l'estomac. Les privations qui éteignent la conscience et le vouloir-vivre. Les gestes exténuants. Les brutalités sans cesse. Les cris. Le gris qui s'ajoute au gris. Le noir de la suie. L'air qu'on respire encore, et qu'on ne devrait pas respirer tant il est chargé des ultimes traces de ceux qu'on brûle par milliers à quelques bâtiments de là. La boue que la glace vient durcir et transformer en autant de lames où s'incise la peau. La douleur qui se noue contre les os. L'épuisement. Le sommeil qui n'en est plus un, et qu'on préfère à l'éveil. Les compagnons qui tombent et qu'un soldat achève sans même le masque de la pitié. « Nous nous cachions après l'appel du matin. Tout au moins nous étions quelques-uns à nous cacher, pour ne pas mourir de faim, de froid, d'épuisement. » Simon a été découvert au bout de quelques jours, puis renvoyé au travail. Nettoyage des latrines. Un peu mieux que tirer des câbles sur le sol gelé comme Simon devait le faire avant, pendant les semaines passées dans le *Kabelkommando*.

Et puis ce fut janvier 1945. Des bruits d'armes un peu plus insistants. De l'agitation. Les soldats qui s'affolent sans rien perdre de leur cruauté. Ils tuent sommairement, détruisent les fours, font brûler des papiers et des dossiers. Ils font recouvrir de terre les fosses où se trouvent les cendres, tentent d'effacer les traces du Crime, comme si soudain ils avaient peur et songeaient qu'ils pourraient se voir reprocher ce qu'ils ont fait. Le repli se prépare. Les troupes russes et américaines approchent. Elles seront bientôt là.

L'ordre a été donné d'emmener les survivants. Marche forcée dans la neige et la nuit. Ceux qui tombent sont massacrés à coups de crosse ou tués d'une balle dans la nuque, et comment ne pas tomber quand on n'est plus qu'un squelette ? Des trains à nouveau. Direction Bergen-Belsen en Basse Saxe. Ou direction n'importe où. Les Russes avancent à l'est. Les Américains à l'ouest. Les trains sont attaqués par des avions de chasse.

Celui à bord duquel Simon a dû monter s'est arrêté dans une gare, près de Vienne en Autriche, puis ce sera Dora-Nordhausen. Un site de construction de V1 et V2 destinés à bombarder Londres. Le creusement d'un trou dans le granit et le silex de la montagne. Une mine de sel appelée Sollstedt où « l'atmosphère rongeait les poumons ». D'autres camps : Ellrich, Ormuth. Un train encore. Des « wagons à bestiaux ». Lors de l'arrêt dans une gare, à Karlory-Vary, un déporté tente de s'échapper, mais une rafale de mitraillette le fauche aussitôt. Une autre gare : Prague. Et dans les convois ferroviaires, m'a dit Simon, il n'y a pas que des déportés. Il y a désormais des soldats, surtout des soldats : Allemands de l'armée du Reich, troupes russes et ukrainiennes en déroute du général Andreï Vlassov.

Le train repart, et puis s'arrête à nouveau. Cette fois, ce n'est pas une gare. Des avions anglais passent à très basse altitude. Les balles crépitent. Les SS quittent le train pour se cacher dans les broussailles alentour. La zone est boisée, couvertes de collines. Le wagon où se trouve Simon est entrouvert. C'est le moment. Le seul. L'ultime. Simon le sent.

Il saute et court aussi vite qu'il peut. « En zigzag », me dira-t-il. « J'avais vu çà dans des films d'aventure américains. » « Reviens sale juif », entend-il. Les balles sifflent autour de lui. Il court toujours. Une rivière. Il se coule dans l'eau froide. Jusqu'au cou. Et il marche. Longtemps. Comment a-t-il trouvé la force ? Parce que la vie est la vie, serait l'unique et lapidaire réponse. Mettre un pied devant l'autre tant qu'il reste un souffle, la lueur d'une lueur aussi pâle, aussi minuscule soit-elle. Lorsque le jour vient poindre, il sort de l'eau et marche. Il marche encore, rencontre une femme qui porte des branchages et qui lui montre le chemin. Il faut aller plus loin. Il croise un paysan sur le bord d'un champ qui lui indique un endroit où se cacher, puis plus tard, lui donne à manger. Simon mangera. Beaucoup. En une sorte de processus sans fin, comme si, de toute sa vie, il n'avait jamais mangé. Comme si, en lui, la vie redevenait vraiment la vie.

Le paysan, alors, lui indique un village un peu plus loin, Macice, et lui dit en allemand d'aller en ce village à la maison qui porte le numéro vingt-huit. Simon se rend au village, se dissimule dans un fourré en attendant la nuit, puis se rend à la maison, au vingt-huit. C'est la demeure du maire. Un jeune homme est là que

Simon connaît puisqu'il était déjà chez le paysan rencontré plus tôt : il propose de cacher Simon dans un trou creusé au milieu d'un champ, puis, parce qu'il fait froid encore, dans un grenier. En face. Au numéro vingt-sept.

Simon restera dans le grenier. Plusieurs semaines. Jusqu'au printemps. C'est le 7 mai 1945 que les troupes russes et américaines pénètrent le village, et que se trouve proclamé le commencement d'une autre ère.

Mais est-ce une autre ère ? Le trajet de retour se fait en train toujours. Tout, ou presque tout, au long du parcours n'est que ruine et dévastation. Tout n'est que larme, désespoir et amertume.

Le ciel est bleu, parfois, mais les survivants d'Auschwitz et du grand dispositif d'extermination ne verront plus jamais le bleu du ciel comme un bleu pur. Il y subsistera toujours des traces d'un vide, d'une immense et indicible absence. Ceux qui sont morts. Ceux dont les cris se sont élevés en vain. Ceux dont les yeux ont scruté le ciel en ne voyant rien venir, ou alors des avions qui passaient sans s'arrêter. Sans mitrailler. Sans jeter la moindre bombe.

« Avec les rumeurs d'avancée des troupes alliées, nous regardions les avions au-dessus de nous », m'a dit Simon. « Nous espérions que la machine allait être brisée, que des actions toucheraient Auschwitz, les lieux où les nazis glissaient les pastilles blanches d'insecticide, les emplacements de crémation, les rails, les trains. Nous espérions que cela serait arrêté. Mais l'instant que nous attendions n'est pas venu. » Les Alliés savaient pourtant. C'était même dans les journaux de Grande-Bretagne et d'Amérique, mais pas en première page. Jamais en première page ou, alors, pas en gros titre. Qui s'intéressait à l'extermination des juifs ? Qui se disait qu'il fallait interrompre l'extermination ?

Le seul four crématoire à avoir été détruit pendant que l'extermination se trouvait menée l'a été grâce à l'héroïsme d'une jeune femme juive déportée qui réussit à faire sortir de la dynamite de son lieu de travail forcé, à proximité d'Auschwitz. Elle s'appelait Rosa Robota, et a incarné l'esprit de résistance le plus pur et intense qu'il m'ait été donné de connaître.

Simon m'a dit qu'à Auschwitz, il a cessé de croire en Dieu. Il n'est pas le seul. Ils ont été des milliers comme lui, et des milliers encore. Que peut-on croire encore lorsqu'on a survécu à l'ombre des fours crématoires, lorsqu'on sait que, dans ces mêmes fours, ont brûlé des êtres de chair, de sang, d'intelligence, de sensibilité, d'espérances, des femmes et des enfants en bas âge, des hommes et des vieillards, des savants et des artistes, des médecins et de simples êtres de bien et d'innocence, des familles entières, sa propre famille ? Que peut-on croire lorsqu'on a vécu l'indifférence au malheur le plus extrême, et une indifférence qui a pu concerner ceux qui étaient censés apporter la délivrance ? En quoi et en qui peut-on croire ?

C'est à Auschwitz qu'il faut aller. Aujourd'hui encore. Aujourd'hui plus que jamais. Pour comprendre pleinement et garder en mémoire à jamais, pour contrer ceux qui voudraient nier, atténuer, relativiser, passer à autre chose, dire que c'est un crime, oui, mais pas un crime infiniment plus grave et incomparable à aucun autre jusqu'à la fin des temps. Les bâtiments sont là, toujours. Les voies de chemin de fer aussi. Les bâtiments seront là pour toujours. Le portique de fer forgé lugubre de cynisme : *Arbeit Macht Frei*. La vastitude âpre couleur de pierre. Le silence, qui reste celui qui régnait à l'époque, et qu'interrompait, outre le bruit des revolvers et des fusils des assassins, la musique jouée par les déportés juifs aux fins de préserver un reste de confiance chez les autres déportés juifs. Il faut y aller pour vraiment comprendre, oui. Et encore : peut-on imaginer ce que c'était ?

Peut-on tenter d'imaginer ?

« Seuls ceux qui portent eux-mêmes encore la trace dans leur chair et dans leur âme », m'a dit un ami de Simon. Seuls eux. Seule leur voix préservée, leur témoignage en vidéo ou sur la pellicule d'un film. Une transmission à ceux, très rares, beaucoup trop rares, qui ont gardé une sensibilité.

Lutetia

La Libération. Le 6 juin, donc. Le Débarquement en Normandie. L'avancée des troupes alliées en France. Un peu plus tard, ce sera en Provence. Le 7 septembre 1944, le dernier gouvernement de Vichy, après un passage par Belfort, trouve refuge à Sigmaringen, dans le Baden-Würtenberg, au sud de l'Allemagne. On y conduit Pétain. L'antisémitisme et la collaboration ont amené là, aussi, Louis-Ferdinand Céline, Lucien Rebatet, une poignée d'autres. L'État français, né le 11 juillet 1940, meurt officiellement le 9 août 1944. Le Gouvernement provisoire de la République française promulgue une ordonnance qui dit que « la République n'a cessé d'exister ». Vient l'épuration. La chasse aux « collabos » qu'on parquera, un temps, au Vélodrome d'hiver et à Drancy, comme pour que leur détention vienne en recouvrir une autre et l'oblitérer.

Suit le temps des procès, celui des exécutions sommaires, des règlements de compte, des proclamations d'« indignité nationale ». Quelques gens de plume seront condamnés à mort, dont Robert Brasillach. Quelques hommes politiques.

D'autres feront de la prison. D'autres encore ne seront jamais inquiétés. Ce sera comme la fermeture d'une hideuse parenthèse. Il ne se sera rien passé pendant quatre ans.

Un trou béant. Une aberration. Un moment d'absence. Un vide dans lequel se serait jetée une poignée de gens ignobles. Quelques milliers tout au plus. Mais la France n'est pas coupable, c'est évident. La France s'est libérée. Toute seule ou presque. Elle a mis en place son administration après que l'usurpateur a été chassé, éliminé physiquement, condamné à l'exil, placé sur le ban d'infamie. Elle évitera même, diront certains, qu'une seconde occupation, américaine celle-là, ne vienne remplacer l'occupation allemande : comme si les Américains avaient été pour quelque chose dans la libération, comme si la France avait collaboré…

La France libre, continue le discours, aura été la vraie France, toujours, sans la moindre interruption : celle qui a continué à exister par-delà le trou béant et les gens ignobles qui n'étaient que de mauvais Français.

Des partis voient le jour ou se prolongent qui sont l'incarnation de la « France libre » et de la France combattante. Se trouve oublié le temps où le Parti communiste n'était ni en guerre ni en résistance. Parmi ceux qui échappent à la justice ou bénéficient d'une étrange mansuétude, on trouve René Bousquet, qui ne le sait, mais aussi Xavier Vallat, Commissaire générale aux questions juives en 1941, organisateur du recensement des juifs qui se révélera très utile lorsque s'enclenchera l'engrenage de la déportation, puis responsable de la spoliation des biens juifs. Pour défendre Vallat, certains diront, bien sûr, que les nazis l'ont jugé trop modéré, et l'ont remplacé par Louis Darquier de Pellepoix : vous savez, ce personnage qui a fini ses jours en Espagne sous Franco et qui prétendait, jusqu'à l'heure de sa mort, que dans les camps d'extermination, on n'avait « gazé que les poux ». Vallat fut considéré si modéré qu'il lui fut demandé par les autorités collaborationnistes de reprendre la parole sur Radio Vichy après que Philipe Henriot soit, comme l'avait dit Pierre Dac avant que cela ne se produise, « mort pour Hitler, fusillé par des Français ».

Quand le régime nazi sera complètement tombé, quand Berlin sera pris, Hitler mort, et la reddition sans condition de l'Allemagne signée, le retour des survivants s'opérera. Il y aura les prisonniers de guerre. Il y aura les « résistants ».

Ceux qu'on appellera, selon le très douteux vocabulaire de l'époque, les « déportés raciaux » seront fort peu pris en considération. Ce seront des déportés parmi d'autres, tellement d'autres. Ce seront des déportés dont on préférera ne pas parler. Un déporté pour raison de « résistance » permet d'entretenir l'idée que la France s'est battue pour être libre et pour fermer la parenthèse vichyste. Un déporté juif, qu'est-ce que c'est ? Ce n'est pas un « résistant ». Ce n'est pas nécessairement un communiste, ou en tout cas, ce n'est pas quelqu'un qui a été déporté pour avoir fait partie des réseaux communistes. Ce n'est pas un gaulliste, ou en tout cas, pas quelqu'un qui a été déporté pour des raisons qui avaient à voir avec sa fibre gaulliste. Serait-ce quelqu'un qui pourrait dire que la police de l'État français, mais aussi les préfets, l'administration, les chemins de fer, ont collaboré activement et ont appliqué une politique antisémite qui assimilait les juifs à une « race » ? Il reste de l'idée, profondément raciste, qu'il existe une « race juive », la désignation terminologique utilisée aux fins de désigner ces déportés gênants, très gênants pour qui veut repeindre l'histoire, et dire que la République n'a jamais cessé d'être…

Le Gouvernement provisoire a des tâches bien plus urgentes que de s'occuper des déportés juifs. Outre fermer la hideuse « parenthèse » pétainiste, punir les quelques centaines de coupables avérés, recaser les milliers de coupables plus discrets ou mieux placés en termes de jeux d'influence. Rebâtir une France nouvelle, fondée sur l'élan de la « France libre » et de la Résistance. Faire des réformes sociales. Remettre le pays en marche. Passer à autre chose.

Si les autres déportés rentrent chez eux et retrouvent un chez eux, s'ils retrouvent une famille qui les embrasse et les accueille en sa chaleur, s'ils retrouvent les lieux où ils avaient vécu avant, il n'en va pas de même pour les juifs.

Trois pour cent environ de ceux qui sont partis sont revenus. Trois pour cent seulement. Pour la plupart, ils n'ont plus de famille, car la famille qu'ils avaient avant la déportation a été emportée avec eux, et est morte dans les camps. Pour la plupart, ils ont tout perdu, et n'ont plus ni biens ni domicile. Les logis qui avaient été les leurs sont occupés par des Français pour qui la situation s'est révélée plus favorable.

Certains juifs survivants frappent à des portes, et trouvent des gens étonnés qu'ils soient revenus : comment ? Les nazis ne les ont pas tués ? Les policiers, quelquefois, sont ceux du temps de Bousquet. L'uniforme et le visage sont les mêmes. Les ordres ont changé, c'est tout. Et pour ces policiers là, ne plus arrêter des juifs implique un changement de comportement, mais de là à aider des juifs, il y a un pas qu'il est difficile de franchir.

Ceux qui sont revenus voudraient parler de ce qu'ils ont vécu. Ne serait-ce que pour se délivrer de visions trop concrètes, et trop brûlantes qui les hantent encore et les consument intérieurement : mais qui pourrait les écouter ? Qui le voudrait ? D'autres juifs peut-être. Mais les non juifs ? « Moi aussi, j'ai connu les privations », répondra une brave dame à l'un d'entre eux. « On ne mangeait pas de la viande tous les jours. » Comment faire comprendre ce que c'était qu'Auschwitz ? Et puis, l'antisémitisme n'a pas disparu. Il se fait silencieux, sournois, c'est tout. Il n'y a plus de presse antisémite. Des journaux sont interdits. D'autres changent de nom, pour que l'idée qu'ils sont « libérés » vienne recouvrir le fait qu'ils ont été collaborationnistes. Les juifs sont-ils chez eux en France ? Sont-ils des Français comme les autres ? La question se pose un peu moins pour ceux qui ont pu se cacher pendant la guerre, mais pour les « déportés raciaux » survivants ?

Ailleurs en Europe, c'est pire qu'en France, bien sûr. La défaite nazie est suivie d'immenses mouvements de population. Les juifs allemands qui en ont réchappé ne peuvent plus considérer l'Allemagne comme leur pays après ce qui s'est passé. Les juifs polonais encore de ce monde essaient parfois de revenir vers leurs villages, mais ne trouvent que cendres : ils ont été effacés de la surface du pays, corps et biens. Ils ne devraient pas « être là ». S'ils insistent pour rester, il peut leur arriver malheur.

Un pogrom aura lieu encore : à l'été 1946. Des camps de « personnes déplacées » s'ouvrent qu'on entoure de barbelés. Ce ne sont plus des camps de concentration, non : on y emprisonne les gens, on les garde, on les nourrit, on ne les tue pas. Mais quand on vient de quitter un camp de concentration, la différence n'est pas absolue.

Parmi les dirigeants de l'armée américaine, il y a des antisémites aussi : Simon m'a parlé plusieurs fois du général Patton, et c'est exact, je l'ai vérifié dans divers documents depuis, le Général Patton a comparé les juifs en Europe à des « insectes prédateurs », et n'a appliqué qu'avec réticence les ordres de Dwight Eisenhower. Parmi les dirigeants du Royaume-Uni, il y a des antisémites encore. Immédiatement après la guerre, des élections ont eu lieu chez Sa Gracieuse Majesté, qui ont vu la victoire des travaillistes, et l'arrivée aux Affaires étrangères d'Alfred Bevin qui, en public, a toujours su dissimuler son aversion pour les juifs, mais, en privé, se laissait volontiers aller à des diatribes poisseuses et sales.

Ailleurs en Europe, l'idée que les juifs ne seront nulle part chez eux et nulle part en sécurité avant qu'ils aient une patrie, comme les autres peuples, est ancrée dans les têtes. Les juifs veulent rebâtir, mais sans risquer de nouvelles persécutions. Ils veulent se battre pour un pays dont ils pourraient dire que c'est leur pays. Ils n'oublient pas les dénonciations, les complicités, les multiples participations au Crime. Ils n'oublient rien.

À Paris, c'est mieux, mais à peine. La singularité de la souffrance juive, son caractère unique et inouï, n'est ni reconnue ni audible.

À l'hôtel Lutetia, où les autorités allemandes d'occupation s'étaient installées pendant la guerre, on traite désormais les dossiers des prisonniers, des « rapatriés ».

À l'hôtel Lutetia en 1941 ou 1942, on parlait des déportations, avec une exécration singulière envers les juifs.

Aujourd'hui, en 1945, on y parle à nouveau des déportations, mais pour retisser ce qui s'est trouvé rompu. On rassemble ceux qui avaient été désassemblés. On annonce les bonnes nouvelles. On affiche les photos et les informations. On met en relation ceux qui reviennent et ceux qui sont restés. On doit annoncer de mauvaises nouvelles quelquefois. On donne des aides provisoires. On contribue à la réinsertion. Il n'y a plus d'exécration envers les juifs, mais plutôt une forme d'indifférence. Tout le monde a souffert, n'est-ce pas. Le moment est venu de parler de reconstruction, de retrouvailles avec « l'identité de la France ». On ne peut ni ne veut insister sur les problèmes des juifs. Pour peu qu'ils insistent, les juifs pourraient, presque, paraître des gêneurs.

À la souffrance d'avoir été raflés et conduits vers la déportation par des Français qui n'ont, souvent, pas perdu leur place ou leur rôle de « gardien de l'ordre », à la souffrance d'avoir tout perdu, ses biens et sa famille, s'ajoute la souffrance supplémentaire de voir niée la souffrance qu'on endure et de devoir la taire, la garder pour soi et ses semblables.

Nombre de juifs se remettent au travail, malgré tout. Pour que la vie continue. Les juifs qui resteront en France auront toujours une pensée particulière, attentive et ancrée au plus profond d'eux pour la terre d'Israël, et c'est bien le moins. D'autres juifs se diront que s'ils veulent pleinement se redresser et regarder le reste du monde droit dans les yeux, il leur faut faire davantage. Partir. Contribuer à ce que soit créée une patrie pour les juifs. Être un peuple comme les autres peuples. Être, surtout, un peuple libre. À l'abri de la haine.

Les juifs d'Europe centrale sont enfermés dans les camps de « personnes déplacées ». Retourner chez eux, pour eux, c'est partir vers la terre d'Israël. Les autorités victorieuses du nazisme ne leur accordent pas ce droit. Le Royaume-Uni, qui régit les terres du Mandat palestinien lutte contre l'idée d'émancipation juive : les Arabes sont nombreux, ils ont du pétrole, alors que les juifs ne sont que des juifs, des « fauteurs de troubles », comme aurait dit Bevin un jour où il était poli. Des filières d'évasion vers Israël sont organisées qui deviendront un mouvement immense et irrépressible. Des juifs français travailleront pour ces filières et œuvreront pour la libération du peuple juif. D'autres partiront se battre pour la liberté, pour le peuple juif, et pour son droit de retrouver sa terre et sa patrie. La décision de partir pouvait se prendre en sortant du Lutetia : parce que, décidément, on discernait au Lutetia que la souffrance juive n'était pas comprise par ceux qui ne l'avaient pas vécue et qui n'étaient pas juifs.

Simon est l'un de ceux qui partiront. « Je me suis rendu à l'hôtel Lutetia », m'a-t-il confié. « Nous étions tous conduits à l'hôtel Lutetia. Des gens au Lutetia étaient censés nous aider. Mais les juifs n'étaient que des cas parmi d'autres. » Et puis ce mot si lourd de sens : rapatriés... Vers quelle patrie ? Au Lutetia, un homme fera signer un reçu à Simon, mais Simon ne recevra rien. L'homme gardera pour lui le mince pécule qui était destiné à Simon. L'aurait-il fait avec un autre déporté ? Était-ce le sort réservé aux « déportés raciaux » ? Simon n'a pas la réponse. Je ne l'ai pas non plus.

Au sortir du Lutetia, Simon tentera de rentrer dans ce qui fut son appartement. Comme d'autres, Simon trouvera son appartement occupé. Comme d'autres, il se verra offrir une tasse de café, juste une tasse de café, mais refuser la restitution de l'appartement. Et il devra la demander par voie de justice. Comme d'autres, il fera face à l'étonnement nauséabond de ceux qui pensaient que tous les juifs étaient désormais des cadavres, ou bien moins que des cadavres.

Pendant des semaines, Simon dormira dehors, sur des bancs publics. Quelquefois, il sera hébergé par un homme de bonne volonté, boulevard de Strasbourg. Les nuits passées sans domicile, Simon sera contrôlé par la police française : tel un gueux ou un indésirable.

Quand la justice, au bout de longs mois, aura restitué l'appartement à Simon, essentiellement à ce moment, viendra la sensation d'un vide immensurable. L'absence. Ni père ni mère. Ni frère ni amis. Mille ou dix mille éléments imperceptibles du quotidien, et tant d'autres si perceptibles. Une effraction où les cambrioleurs auraient sali, posé leurs empreintes avec l'obscénité repue de celui qui choisit de vous effacer, de faire comme si vous n'aviez jamais existé. Un viol de l'âme et de l'esprit. Ineffable et silencieuse solitude.

Simon chercha son frère dans les maisons d'enfants de tout le pays. Et puis, discernant qu'il n'y avait pas d'espoir, il renonça.

Simon travailla. Dans le commerce. Il mangeait à l'extérieur, avec des rescapés comme lui.

L'un d'eux lui parla d'un bureau où on recrutait des volontaires, avenue de la Grande Armée. Il s'agissait de partir et de se battre.

Pour la liberté. Pour le peuple juif.

Simon se rendit au bureau des volontaires, et il partit. Oui.

Israël

Le voyage se faisait dans des conditions difficiles, extrêmement difficiles. On embarquait à Marseille sur de vieux bateaux affrétés de manière plus ou moins clandestine. On dormait sur le pont ou dans les coursives. On devait se cacher sous des bâches quand des avions de surveillance s'approchaient dans le ciel. La nourriture était rare et rationnée, mais on pouvait supporter les privations : on avait vécu bien pire. « Lorsqu'on venait de là où on venait », m'a dit Simon, « on pouvait tout supporter ». Les conditions sanitaires étaient désastreuses, mais, en venant de « là où on venait »…

Il y avait un but, un endroit où on pourrait enfin être chez soi, en finir avec la haine et l'ostracisme, les persécutions, l'opprobre, l'ignoble injustice, mettre fin à une trop longue errance qui avait conduit un peu plus loin que le bord de l'abysse. En cet endroit, on n'aurait pas de maison ou d'appartement, mais la maison ou l'appartement qu'on avait eus autrefois n'existaient plus, et avaient été détruits, volés, saccagés, violés. En cet endroit, on n'aurait pas de famille, mais la famille qu'on avait eue autrefois avait été broyée, mutilée, reconduite au néant. Alors, on regardait vers l'avant, vers le futur, vers ce surcroît de vie qu'on ne pensait pas avoir et qu'on avait néanmoins. On rebâtirait. On se créerait une famille encore. On vivrait fraternellement en réinventant tout ce qu'il restait à réinventer.

L'endroit où on allait n'avait pas de nom encore. On pouvait en parler en termes bibliques, et dire : Eretz Israel. On pouvait parler de Palestine aussi, puisque c'était l'appellation géographique. C'était la terre ancienne du peuple juif, avant que ne viennent deux millénaires de malheurs et de dispersion. C'était un lieu que les juifs n'avaient jamais quitté, malgré les épreuves et les multiples tourments.

Hertzl avait imaginé au temps du procès d'Alfred Dreyfus. En finir avec la diaspora, émanciper le peuple juif, lui redonner ses racines, le replacer en une condition d'égale dignité avec les autres peuples. Cela avait été un rêve. Un foyer national juif avait été constitué avec l'accord des autorités ottomanes. Pendant la première guerre mondiale, le Royaume-Uni avait promis qu'après une victoire sur la Prusse et ses alliés, le foyer national juif pourrait prendre consistance. Arthur James Balfour, au nom du gouvernement britannique avait stipulé, en date du 2 novembre 1917, que « le gouvernement de Sa Majesté considère avec faveur la fondation en Palestine d'un foyer national pour le peuple juif ». La « déclaration Balfour » avait ensuite été intégrée dans le traité de Sèvres avec la Turquie, et dans le « Mandat pour la Palestine ». Le Royaume-Uni avait ensuite tergiversé, tenté de revenir sur la parole donnée. L'hostilité arabe avait commencé à monter en puissance. Mais. Malgré tout. Le foyer national avait pris forme et consistance. Des terres avaient été achetées et mises en culture. Le désert avait laissé place à des récoltes. Des villes moribondes étaient sorties d'un long sommeil. Si l'hostilité arabe avait laissé place, sporadiquement, à la violence et au meurtre, et si l'armée britannique s'était révélée de plus en plus souvent inamicale, des mouvements d'autodéfense et de résistance avaient vu le jour. C'était possible. Le rêve était en train de devenir réalité. Nul ne pourrait plus le confisquer ou l'anéantir.

L'endroit où on allait n'avait pas de nom encore. Mais le peuple juif savait ce qu'il était. Il savait quelle était la longue histoire. Il savait les souffrances, les mots répétés dans les prières. Surtout, il revenait des camps. Il avait vu qu'au sortir des camps, et, malgré l'abomination nazie, les haines antijuives étaient toujours là, comme de mauvaises herbes que rien ne parviendrait à éradiquer.

Les soldats britanniques ont tout fait pour arrêter les bateaux. Ils ont menacé de les couler.

Ils ont gardé prisonniers ceux qui arrivaient sur les bateaux. Ils ont même conduit des juifs rescapés de camps d'extermination vers d'autres camps entourés de fil de fer barbelé sur l'île de Chypre : dans la chaleur, sans eau courante, sans médicaments. Ils n'ont laissé passer des juifs arrivant en Palestine que contraints et forcés. Ils ont désarmé les juifs qui se défendaient tout en fermant les yeux sur les violences arabes antijuives. Quand il leur a semblé trop évident que la situation leur échappait et qu'ils ne pourraient décidément pas annihiler la volonté d'un peuple qui n'avait strictement plus rien à perdre et qui avait cette irrépressible volonté de vivre que seuls peuvent avoir ceux qui viennent d'échapper aux limbes, ils l'ont fait savoir, et le gouvernement de Sa Majesté a décidé de confier le dossier aux Nations unies tout juste créées. L'espoir secret de gens tels qu'Alfred Bevin était que, ce que les troupes britanniques n'avaient pu faire, les Arabes le feraient.

Il n'était pas même certain que les Nations unies voteraient en faveur d'un plan de partition de la Palestine et de la création d'un État arabe, mais aussi d'un État juif. Cela s'est joué à fort peu de chose. La France a voté en faveur de la partition et donc, de la création d'Israël. Le Royaume-Uni s'est abstenu. Les États-Unis ont voté pour, parce que Truman était imprégné de valeurs qui le tenaient éloigné de tout ce qui pouvait ressembler à de l'antisémitisme, mais son entourage ne partageait pas intégralement ses valeurs. L'Union soviétique a voté pour aussi, sans que ses motifs aient été, jusqu'à ce jour, pleinement élucidés.

On s'était battu avant la décision des Nations unies. On s'est battu plus encore après.

Le plan de partition a été voté le 29 novembre de l'année 1947. L'État juif était petit, bien plus petit qu'il n'a été ensuite, après qu'il soit sorti vainqueur de tant d'agressions.

Sur la terre du « Mandat pour la Palestine » avait déjà été créé, vingt-cinq ans auparavant, l'État arabe de Tranjordanie. Il s'agissait maintenant de créer, à côté d'Israël, *un second État arabe*. Le discours dans les terres arabes a été aussitôt qu'il fallait jeter les juifs à la mer. Des pogroms avaient déjà eu lieu à la fin des années 1920. Des milices de défense juive s'étaient constituées. Des mouvements d'autodéfense, puis de résistance face à la haine arabe et à l'hostilité britannique. Cela avait été la Haganah, d'abord. Puis l'Irgoun, plus radicale, et dont les dirigeants n'avaient aucune illusion sur l'intransigeance de ce qu'il fallait bien appeler l'ennemi.

Les combats, en fait, n'ont pas cessé. Depuis les premières émeutes et les premiers pogroms menés par les Arabes.

Lorsque, plus de cinq mois après le plan de partition, l'État d'Israël fut effectivement fondé, le 14 mai 1948, ce fut la guerre. La menace d'une extermination. Trois ans après qu'une autre extermination se soit trouvée brisée. Et ceux qui se proposaient de mener à bien la nouvelle extermination, les instigateurs, n'avaient pas été étrangers à la première extermination. Hajj Ali al Husseini, mufti de Jérusalem, nommé à cette position avec l'appui des Britanniques, avait fortement contribué aux violences des années 1920-1930. Il avait ensuite été très actif du côté de Berlin. On l'avait vu en compagnie des dignitaires du Reich. Il avait parlé avec enthousiasme de la « solution finale ». Il avait été arrêté, avait étrangement échappé aux autorités françaises, puis était revenu dans la région.

La guerre dura une année entière ou presque. L'armée d'Israël et les volontaires qui l'avaient rejointe se sont battus avec peu d'armes et de moyens, peu d'hommes, mais forts de la volonté de ne pas céder. Plus jamais. Surtout pas après Auschwitz et Wannsee. Un armistice fut signé avec l'Égypte d'abord, puis avec le Liban et la Jordanie. La Syrie ne céda que le 20 juillet. Ce fut une trêve. Pas la paix. Un simple répit. Grâce au répit, Israël pourra se construire, trouver ses marques et ses forces, sa vigueur démocratique, son dynamisme, constituer son peuple. De vague d'*aliyah* en vague d'*aliyah*. Le peuple juif aura sa terre et sa liberté, sa patrie.

« Trop tard », me dira Simon. Si l'État d'Israël avait existé dans les années 1930, les juifs qui voulaient fuir le nazisme auraient eu un endroit où aller, et ne se seraient pas trouvés confrontés à une fermeture des frontières. Il n'y aurait pas eu la shoah. Six millions de vies sauvées. Six millions…

Tous les juifs ne vivent pas en Israël, mais ils savent qu'il y a Israël et que plus jamais, non : plus jamais…

Cela a été très difficile. Cela a coûté le prix du sang, et devoir payer le prix du sang si peu de temps après la shoah, c'est un prix très lourd à payer, un prix scandaleusement et atrocement lourd. Des rescapés d'Auschwitz qui ont dû garder en eux la volonté de vivre malgré la mort qui vient de tous côtés, et qui ont dû user cette volonté de vivre pour faire face à une autre mort qu'on leur promettait. Et l'indifférence du monde toujours, l'éternelle indifférence du monde.

Ceux qui se sont battus n'avaient pas tous un uniforme, mais ils avaient tous la volonté. Les armes étaient dépareillées, usées, venues d'on ne sait où, mais ils ne baisseraient pas les bras et ne se rendraient pas.

Simon m'a raconté l'arrivée en Israël. Après cinq jours de mer. Le cargo sur lequel il était monté n'avait pas navigué depuis plus de dix ans et avait failli faire naufrage au large de la Crète. Le port de destination était Haïfa. Les Britanniques étaient partis, et c'était, déjà, depuis peu, la terre libre d'Israël.

« Lorsque la côte fut en vue, m'a dit Simon, nous avons fixé nos yeux sur ce que nous apercevions. Nous savions que nous allions nous retrouver face au danger, à des gens qui se conduiraient en ennemis et voudraient nous tuer. Mais nous savions aussi que nous pourrions nous battre, et que nous allions nous battre pour quelque chose. »

« Nous étions peu nombreux. Nous avons vite compris comment faire croire à l'ennemi que nous étions plus nombreux que nous l'étions en réalité. Nous avions des prisonniers arabes. Nous les avons laissés délibérément s'enfuir. Avant, nous avions placé dans leur angle de vue l'emplacement où les nouvelles recrues juives arrivaient. Nous passions par groupes successifs, en changeant nos vêtements : deux fois, trois fois ou davantage. Les Arabes qui se sont évadés grâce à nous ont pu colporter de fausses nouvelles sur le nombre des recrues juives. »

Les armes ? « Le premier fusil que j'ai eu entre les mains était un Mauser allemand. Il avait été pris aux nazis. Je ne sais comment il était arrivé jusque-là. Puis ce fut un fusil tchèque. Sur la crosse, il y avait une croix gammée. J'ai voulu l'effacer sans y parvenir. Cela m'a profondément déplu, et puis, je me suis dit que c'était une forme de revanche. Un fusil qui avait servi aux pires antisémites de l'histoire, à ceux qui avaient assassiné ma famille, se retrouvait entre les mains d'un juif en train de se battre pour que vive Israël, que les juifs retrouvent un pays et disposent d'un ultime refuge contre les barbares. »

La base ? « Nous étions installés dans le camp d'Atlit. Et cela aussi, c'était une forme de revanche. Atlit avait été le centre de détention où les soldats britanniques incarcéraient les juifs qui arrivaient d'Europe, et il a servi à cela jusqu'au départ des Britanniques. Nous avons utilisé un camp qui était destiné à emprisonner des juifs pour en faire une base militaire juive, une base depuis laquelle les juifs pouvaient s'organiser pour combattre leurs ennemis. »

C'est à Atlit, de fait, que les Britanniques ont emprisonné, dès les années 1930, les juifs qui avaient réussi à fuir le nazisme, et qu'ils n'avaient pas réussi à refouler avant.

Un bateau appelé initialement Pole Star, l'étoile polaire, fut acheté par les organisateurs de l'Aliya Bet, l'Aliya « illégale », en 1939. En octobre 1941, le bateau, rebaptisé Sophia S., partit vers Istanbul, puis les côtes de la Roumanie. Huit cents réfugiés juifs d'Europe centrale purent monter à bord, et prendre la mer vers la Palestine où ils furent arrêtés et placés en détention. À Atlit, précisément. Les Britanniques confisquèrent le navire et lui donnèrent un nouveau nom : Darien II.

« Les combats furent très durs », m'a dit Simon. Nombre de ses amis de l'époque sont tombés sous les balles des armées arabes. D'autres ont été blessés gravement.

« Mais nous avons gagné. Nous avons fait naître le pays, Israël. Chanter l'hymne. Voir le drapeau flotter dans le ciel. C'était bien davantage qu'émouvant. J'en ai pleuré. Trois années auparavant, je devais répondre à l'appel des SS dans un camp d'extermination, trois ans après, je pouvais lever les yeux vers le drapeau de l'État juif souverain. »

Ensuite ? Ce fut le temps des pionniers. L'arrivée d'immigrants par milliers, les kibboutz, la pénurie qui cède la place lentement à l'abondance. La nécessité d'être vigilants, toujours, puisque l'ennemi ne renoncera pas, et que les premiers attentats anti-israéliens auront lieu dès le début des années 1950. À une époque où nul ne parlait de peuple palestinien puisque l'idée de « peuple palestinien » n'existait pas encore, et où il s'agissait seulement pour des partisans du nationalisme arabe et des islamistes membres ou sympathisants des Frères musulmans d'en finir avec les juifs et « l'entité sioniste ».

Simon aurait pu rester. Sans jamais rien renier de son amour pour Israël et pour le peuple israélien, bien au contraire, il est rentré en France, et s'y est marié.

Sur la route du retour, il s'est arrêté en des contrées qu'il avait voulu découvrir au temps révolu de son enfance et où il n'avait jamais pu aller. L'Italie, surtout.

Revenir en France après avoir contribué à fonder Israël, c'était revenir d'une façon très différente. Ce n'était plus être un « rescapé », un « rapatrié », un « déporté racial », quelqu'un qui portait en lui et sur lui les traces indénombrables de l'humiliation, mais quelqu'un qui avait fait front. Les armes à la main. Sans fléchir. Un créateur qui aurait créé avec d'autres la plus belle des créations : la renaissance d'un pays perdu. Quelqu'un qui pourrait dire avec fierté qu'il est Français de France, mais qu'il appartient aussi à un peuple dont l'histoire a plus de trois mille ans et continue à s'écrire. Malgré la haine et les destructions. Parce que les forces de l'esprit sont bien au-delà de l'acharnement des monstres et des barbares. Tellement au-delà…

Soixante ans après

Soixante années. Un peu davantage. J'écris ces lignes à la fin de l'année 2007. La décision des Nations unies sur le « partage de la Palestine » a été prise voici très exactement six décennies. Cela fait soixante-deux ans que les derniers survivants d'Auschwitz ont quitté les baraquements. En 2005, on a commémoré en Europe. On a beaucoup commémoré. La fin du nazisme qui, comme l'ont dit divers politiciens allemands, a été aussi la « libération » du peuple allemand. Le commencement de la construction d'une Europe de la « paix » et de la fraternité où il n'y aurait plus jamais de guerre.

On a commémoré à Auschwitz aussi. Des dirigeants de l'ensemble du monde occidental sont venus. Aucun dirigeant du monde arabe et musulman : cela ne les concernait pas, ont dit des journalistes. « Ils n'ont pas été partie prenante. » Raisonner ainsi est laisser de côté trop rapidement la dissémination des idées nazies dans tout le Proche-Orient musulman au cours des six décennies écoulées. C'est laisser de côté aussi que différents nazis ont trouvé refuge en 1945 dans les pays musulmans du Proche-

Orient. La shoah est survenue en Europe, mais comment est-il possible d'affirmer que cela ne reviendra plus jamais si les idées qui ont conduit à la shoah peuvent perdurer, trouver leur prolongement sous la forme et selon les formulations qui ont conduit à la shoah ? Comment proclamer que la leçon vaut pour le monde entier si une partie du monde fait comme si elle n'avait rien vu, rien entendu, et rien retenu : au point de souffler encore sur les braises qui ont conduit autrefois au Crime ?

« Je ne suis pas là pour parler de ce qui s'est passé. Mon seul but est d'allumer une bougie pour ma mère dont les cendres sont on ne sait où dans ce camp », a dit Jan Wojciech Topolewski, l'un des survivants présents.

« L'histoire des camps montre que le mal est bien réel, qu'il doit être appelé par son nom, et qu'il est nécessaire de lui faire face », a déclaré Dick Cheney, vice-président des États-Unis. « Nous devons nous souvenir que l'antisémitisme peut commencer avec des mots, mais s'arrête rarement aux mots, et que le message de l'intolérance et de la haine doit se heurter à une ferme opposition avant qu'il ne cède la place à des actes d'horreur. »

Un dirigeant allemand a parlé de la nécessité de combattre l'antisémitisme en Allemagne, d'autres dirigeants européens de la nécessité de combattre l'antisémitisme en Europe. « Tout le monde reste surpris qu'une telle chose ait pu arriver, mais elle est arrivée », a déclaré Josep Borrell, président du Parlement Européen.

Et puis, les commémorations achevées, tout est revenu à la normale. En Europe, on parle toujours de « paix » et de « fraternité ». On « lutte » toujours contre l'antisémitisme. Aux États-Unis, on ose encore parler du mal, et ce ne sont pas les Européens qui emploieraient des mots semblables. Dans le monde musulman du Proche-Orient, on tient toujours des discours antisémites, et on lit toujours *Mein Kampf*, même si aucun journaliste occidental ne le dit jamais, et moins encore un homme politique.

Israël a toujours autant d'ennemis. Au Sud Liban, les miliciens du Hezbollah défilent en faisant le salut que les troupes nazies adressaient à leur Führer. À Gaza, le Hamas perpétue la tradition de Hajj Ali al Husseini. Mahmoud Abbas ne s'est, à ce jour, vu poser aucune question sur des écrits négationnistes qui, s'ils avaient été rédigés en français, auraient pu porter la signature de Robert Faurisson. En Iran, Ahmadinejad, continue à rêver à haute voix d'un monde « sans Israël ». Bachar el Assad, en Syrie, a fait connaître explicitement ses vues lorsqu'il a reçu le Pape Jean-Paul II et, je dois le dire, celui-ci n'a pas semblé s'en offusquer outre mesure. C'est toujours en Israël, et seulement en Israël qu'un moment de silence est observé en souvenir de la shoah, et, en Grande-Bretagne, il est question de ne plus évoquer ne serait-ce que l'apparence d'une « journée de l'holocauste », car cela risquerait d'offusquer les croyants d'« autres religions ». On parle désormais, de tous côtés, de « peuple palestinien », et on oublie que sur quatre-vingts pour cent du territoire initial du Mandat palestinien confié aux Britanniques, un État arabe palestinien a été créé, dès 1921, la Transjordanie qui s'est ensuite appelée Jordanie. On oublie qu'en 1947, les Nations unies avaient proposé de créer un second État arabe à côté de l'État juif, puisque le « plan de partage » des vingt pour cent restants du territoire initial prévoyait, précisément, la création de *deux* États.

Israël ne vit toujours pas en paix, et la guerre que doit affronter Israël n'est pas seulement celle qui se mène avec des armes : ailleurs sur la planète, on oublie l'histoire, les faits, la haine subie par Israël et par les juifs au Proche-Orient bien avant la naissance d'Israël. On oublie qu'avant Israël, les juifs ont été persécutés, puis exterminés, et qu'au moment de l'extermination nul ou presque n'a offert refuge aux juifs. On ne discerne plus, en tant d'endroits de la planète, l'essentielle légitimité d'Israël.

Simon, disais-je, aurait pu rester en Israël. Son amour pour Israël n'a fait que grandir au fil du temps. Il est retourné en Israël très régulièrement, tant que ses forces le lui ont permis. Sa contribution aux combats pour la création d'Israël est toujours l'un des moments les plus intenses et les plus positivement forts de sa vie, l'un de ceux où il a retrouvé le goût de vivre, et compris que vivre avait encore un sens. L'un de ceux où il a été de ces hommes qui ont montré que le peuple juif pouvait se battre s'il avait des armes et des moyens pour cela, même minimaux. L'un de ceux où le peuple juif s'est battu contre des ennemis bien supérieurs en nombre et en moyens logistiques, mais a survécu et triomphé néanmoins.

Nombre d'amis et de compagnons de combat de Simon sont restés en Israël, y ont fondé une famille. Certains d'entre eux reposent dans la terre d'Israël.

Simon, lui, comme quelques autres, est rentré en France. Il est revenu à Paris. Il pensait ne plus pouvoir donner d'amour, et il en a donné néanmoins. Il pensait ne plus pouvoir recevoir d'amour, et il en a reçu pourtant. Il s'est marié, disais-je.

Son épouse n'a pas vécu la shoah, ou ne l'a tout au moins pas vécue comme Simon l'a vécue. Elle a fait partie de ces enfants juifs que des Français courageux ont cachés pendant la guerre. Elle a su ce que c'est que les persécutions, son père est mort en déportation, mais elle n'a pas subi le Crime dans sa propre chair.

Elle a permis à Simon de vivre, et de vivre encore. Une vie d'homme. Malgré tout. Une belle vie d'homme.

Et c'est sans doute l'une des réponses les plus cinglantes qu'on puisse adresser au Crime, à ceux qui l'ont conçu et mis en œuvre. Non seulement il y a eu des survivants, mais certains se sont battus, et ont accompli ce que les adeptes du Crime ont voulu refuser et rendre impossible : les retrouvailles du peuple juif avec sa terre et avec sa très légitime fierté.

Non seulement il y a eu des survivants, mais ils ont vécu. Pleinement.

Vous, adeptes du Crime, c'est ce qu'ils vous disent, n'avez pas réussi à les briser et à empêcher que l'humanité continue, qu'elle inclue des hommes et des femmes que vous aviez voulu réduire à la poussière que le vent disperse. Vous n'avez pas réussi à briser le fil de lumière qui traverse les siècles et les millénaires, et qu'on pourrait appeler, génériquement, simplement : la Civilisation.

La Civilisation vit.

La démocratie, le respect de la personne humaine, la liberté sont plus que jamais des idéaux portés très haut sur la planète, et il ne reste de vous, adeptes du Crime qui prétendiez être les seigneurs, que le souvenir exécré d'êtres qui se sont eux-mêmes réduits à l'immondice. Il ne vous reste pour admirateurs, vous, adeptes du Crime, que des abrutis éructant leur propre impuissance ou croupissant dans leur propre fange.

Vous êtes devenus les emblèmes de ce qui répugne à un tel degré que parlent de vous sans avoir envie de vomir seulement des criminels et des fanatiques.

Vous, adeptes du Crime, n'avez pas réussi, non.

Des hommes semblables à Simon, des femmes, ont eu une descendance. Le peuple juif n'a pas disparu. Son histoire et sa mémoire n'en sont devenues que plus fortes.

Israël est désormais un pays prospère, fécond, fertile, porteur d'une lumière que ne discernent vraiment que ceux qui aiment Israël et savent ce que c'est encore que l'amour de l'être humain pour l'être humain et pour l'infinité. Les juifs ailleurs de par le monde continuent à quêter l'excellence et à vivre leur vie, leur foi.

Israël a toujours autant d'ennemis, oui. Les ennemis d'Israël sont peut-être plus nombreux qu'ils ne l'étaient voici soixante ans. Israël est en guerre et en proie à l'agression. Mais Israël vit. Intensément. Et l'idée d'effacer Israël de la carte restera ce qu'elle est : un fantasme vénéneux pour psychopathe. Il y a de l'antisémitisme dans tout le Proche-Orient musulman, au moins autant qu'il y a soixante ans, mais les pires antisémites musulmans du Proche-Orient, même s'ils ne se l'avouent pas à eux-mêmes, savent aujourd'hui, c'est toute la différence, qu'il faut compter avec Israël, et que faute d'apprécier Israël, ils doivent au moins respecter Israël et ne pas traiter Israël comme une quantité négligeable.

Il y a de l'antisémitisme ailleurs sur la planète, et l'Europe, passées les commémorations, a des fléchissements dans sa mémoire. On s'y souvient très insuffisamment du Crime qui s'y est trouvé commis voici soixante ans. Mais le souvenir du Crime ne s'effacera pas si aisément.

Il y a des gens comme moi que la honte étreint encore. Mais, même ceux que la honte n'étreint pas savent bien au tréfonds d'eux-mêmes qu'à un moment donné, dans le passé de l'Europe, parce qu'une ligne impalpable et néanmoins fondamentale a été franchie, les mots ne sont pas restés seulement des mots, et les actes ne sont pas restés seulement des actes. Un Crime s'est trouvé commis. Le Crime. Un Crime si immense que c'est immédiatement après qu'il a été commis qu'on a élaboré cette notion jusque-là non formulée : Crime contre l'humanité, donc contre le genre humain tout entier.

Il y a de l'antisémitisme ailleurs, presque partout, mais les antisémites eux-mêmes savent à ce point le poids d'ignominie et de turpitude que charrient le mot et l'idée qu'ils n'osent plus, recourent à la dénégation, au prétexte, au faux-semblant, au subterfuge, au détour…

L'antisémitisme ne sera plus jamais, nulle part sur terre, ce qu'il fut avant le Crime : précisément parce qu'il y a eu le Crime.

Simon a vécu une vie d'homme, comme des milliers semblables à lui. Il a vécu une vie d'homme ordinaire, très ordinaire, et c'est là, à mes yeux, la plus belle de ses victoires : avoir vécu une vie d'homme ordinaire. Malgré le Crime.

Tout en ayant vécu sa vie, Simon a su, toujours, qu'il ne devait pas se taire, et qu'il devait même parler, si l'occasion lui était donnée ou, parfois, si elle ne lui était pas donnée. Quand on a vécu ce qu'il a vécu, on ne peut pas se taire. Il est retourné à Auschwitz plusieurs fois. Pour des cérémonies. Pour accompagner des jeunes gens, et leur expliquer ce qui fut.

Il se rend dans des lycées aussi. Il témoigne. Le Crime ne doit pas s'effacer.

Il décrit ce qui fut : pour que plus jamais cela ne puisse revenir, pour que ceux qui sont morts ne soient pas morts pour rien et ne soient pas oubliés. Il garde dans sa poche un mince morceau de corde un peu usée, nouée solidement : le nœud a été fait lorsque le morceau de corde lui servait de ceinture. C'est une trace de son extrême maigreur en 1945. Une maigreur de survivant que les privations auraient dû terrasser, mais qui n'a rien cédé, strictement rien.

Dans son portefeuille, il garde quelques images de l'époque, juste pour lui-même, parce qu'elles font indissociablement partie de lui.

Il a réussi à préserver des photos en noir et blanc de ses parents, de son frère. C'est tout ce qu'il lui reste d'eux. Mais sa famille n'a pas disparu puisque lui, il vit. Puisqu'il a une descendance.

Il s'éveille quelquefois la nuit, pétrifié par un cauchemar strié de flammes, de cendres et de cadavres suppliciés. Puis il retrouve le sommeil. Le cauchemar n'a pas gagné. Le cauchemar ne peut pas gagner.

J'ai rencontré Simon un soir d'hiver. Il m'a parlé. J'ai eu envie de lui donner de l'amour, beaucoup d'amour, bien davantage encore.

J'ai eu envie de le remercier et de lui témoigner ma gratitude.

Simon m'a rendu plus humain, bien plus humain, je le sais.

Grâce à lui, j'ai mieux compris ce qu'ont vécu tous ceux qui ont vécu l'horreur et le Crime.

Grâce à lui, j'ai mieux compris pourquoi un sentiment de honte m'habitait, pourquoi il fallait garder la mémoire, pourquoi il faut parler, et dire encore et toujours ce qu'est le Mal.

Grâce à lui, j'ai compris ce que c'est que le courage, ce que c'est que la dignité, ce que c'est que la force de se battre quelle que soit l'adversité.

J'ai compris ce que c'est que vivre.

Une vie d'homme.

Paris, 25 novembre-10 décembre 2007

Appendice

On trouvera ici quelques articles rédigés au cours de l'année 2007, et publiés par la Metula News Agency, en Israël. Ils s'inscrivent dans le droit fil des pages qui précèdent.

Trahison
31 janvier 2007

David Pryce-Jones, journaliste au magazine américain *National Review*, avait publié, il y a quelques mois, dans la revue *Commentary*, un article remarquablement documenté sur la diplomatie française et sur les rêves arabes qui l'habitent depuis toujours, ainsi que sur les conséquences qui en découlent jusqu'à ce jour. Il vient de donner une suite à son article, sous la forme d'un livre important, tout juste publié aux États-Unis : *Betrayal : France, the Arabs, and the Jews*[1].

Pryce-Jones y démontre comment, depuis deux siècles, la diplomatie française est aux mains d'une sorte de clan qui fonctionne par cooptation et qui évolue dans un univers mental où se mêlent une mégalomanie, une idée boursouflée de la « grandeur de la France » et de sa « mission civilisatrice », une condescendance antiaméricaine, un antisémitisme qui n'attend jamais très longtemps pour dire son nom, et l'idée que, pour maintenir sa « grandeur », la France doit s'affirmer en tant que « puissance musulmane ». La montée du sionisme et l'avancée vers la création de l'État d'Israël vont donner à l'ensemble ainsi constitué des dimensions carrément pathologiques.

Jusqu'à la fin du dix-neuvième siècle, la France a tenté d'être la « puissance protectrice » des chrétiens du Proche-Orient et l'interlocuteur privilégié des autorités islamiques. À partir de la première guerre mondiale, l'objectif fut de s'associer aussi étroitement que possible avec le nationalisme arabe et de favoriser sa cristallisation. Quand, après l'épisode pétainiste et l'indépendance que la France dut concéder au Liban, puis à la Syrie, il apparut impossible de s'opposer à la création d'Israël, une période de coopération franco-israélienne s'ouvrit, dictée par des considérations de circonstances et la situation en Algérie, mais sans que les préjugés antijuifs les plus immondes ne disparaissent pour autant.

Dès le retour du général de Gaulle au pouvoir, la coopération cessa, l'hostilité retrouva pleinement sa place, la « politique arabe de la France » reprit et se déploya jusqu'aujourd'hui. Israël fut soumis à un embargo de toute livraison d'armes et à une interruption de toute coopération militaire. Les liens avec le nationalisme arabe s'intensifièrent, sans que la France se fasse jamais regardante sur la violence ou les penchants génocidaires dont ce nationalisme pouvait être porteur. Le discours du général sur le « peuple dominateur et sûr de lui » ouvrit, comme le nota Raymond Aron à l'époque, « une nouvelle ère de l'histoire de l'antisémitisme ». Ce discours trouva divers prolongements, dont les propos de l'été 2006 sur les réactions « disproportionnées » d'Israël aux actions du Hezbollah ou du terrorisme palestinien, et les paroles d'Alliot-Marie sur les « provocations intolérables » par Tsahal contre la souveraineté du Liban, ne sont que les plus récentes illustrations.

La France, au cours des quarante dernières années, a ainsi soutenu Hafez El-Assad, Saddam Hussein et le colonel Khadafi, et ne s'est jamais brouillée avec les uns ou les autres que lorsque ses intérêts financiers étaient en jeu et qu'il n'y avait strictement plus d'autre issue. Elle a joué un rôle considérable dans la légitimation internationale d'Arafat, comme elle a favorisé l'arrivée au pouvoir de Khomeiny en Iran. Elle a accueilli sur son sol des terroristes arabes et islamistes de divers ordres et obédiences, en fermant le plus souvent les yeux sur leurs actions et leurs capacités de nuisance.

Elle a, en parallèle, mené les politiques de rapprochement que Bat Ye'or a décrites sous le nom d'« Eurabia » et est devenue, en Europe, la principale terre d'accueil et d'installation de populations musulmanes, le pays le plus ouvert à une implantation de la culture arabe, et l'interlocuteur privilégié des dirigeants arabes.

Outre qu'il y a, là, de la mégalomanie, du cynisme, de la corruption, un mépris certain de l'être humain et peu de choses qui justifieraient la prétention de la France à être le « pays des droits de l'homme », les résultats ne peuvent qu'apparaître fort peu glorieux, et même, pour tout dire, saumâtres.

La France n'a pu sauver ni Saddam Hussein ni son régime, mais elle a été suffisamment nuisible pour que le changement de régime en Irak ne s'opère pas de façon optimale, que l'action américaine soit entravée, que l'Occident et l'Europe soient divisés, et que cette division apparaisse aux yeux du reste du monde comme une marque de faiblesse.

Certes, le gouvernement français est en froid avec le régime Assad en Syrie, mais il a été, dans ses discours et ses actes, à la pointe de l'apaisement envers le régime des mollahs en Iran et envers la tentative de celui-ci de se doter de l'arme nucléaire, avec les finalités avouées que l'on sait. La France se positionne *de facto* en protectrice du Hezbollah et de ses installations militaires au Liban. Elle est, au sein de l'Europe, le fer de lance du soutien aux instances palestiniennes, et de la pusillanimité européenne vis-à-vis des massacres au Darfour et des menées islamistes en Somalie.

La France paie ses attitudes troubles dans le monde musulman sur son propre sol. Une proportion notable des populations musulmanes installées dans le pays continue à souffrir du racisme, de l'exclusion, de la marginalisation, et se trouve en même temps incitée à s'identifier avec les « résistants » palestiniens ou irakiens, bien davantage qu'avec les valeurs de la civilisation occidentale. Les zones de non droit et de guerre civile froide persistent. Les autorités s'inquiètent sporadiquement de l'antisémitisme, feignant de ne pas s'apercevoir qu'elles ont tout fait ou presque pour qu'il s'installe, et pour que le pays devienne l'otage de tout un ensemble de décisions dont nul ne semble avoir discerné qu'elles pouvaient finir par constituer un engrenage délétère.

Si Pryce-Jones ne propose pas de remèdes, il nous présente un diagnostic de l'étendue et de la profondeur du mal. Pendant ce temps, à Paris, on disserte sur l'athéisme ou la volonté masochiste des Français de se repentir et de s'accuser de tout. On aborde l'islam dans l'abstrait. On glose sur la relance d'un « processus de paix » où c'est Israël, bien sûr, qui devrait faire toujours davantage de concessions. On considère que la situation en Irak aurait été bien meilleure si l'on avait laissé Saddam Hussein tranquille. Un dictateur avec qui on peut s'entendre, une « stabilité » qui condamne à la misère des millions de gens mais qui permet de signer de lucratifs contrats, c'est bien. Si cette « stabilité » menace un pays dont on pense qu'il n'est qu'une « parenthèse de l'histoire », ce n'est pas grave. Des diplomates du Quai d'Orsay vous le diraient aisément : les Arabes sont faits pour la dictature, les diplomates français sont faits pour s'entendre avec les dictateurs, et les parenthèses sont faites pour être refermées. Ce que le Quai d'Orsay ne dit pas, c'est si la dignité de la France, et la France tout court, a des chances de survivre longtemps en ces conditions. J'aurais tendance à en douter. Nous saurons de toute façon, très bientôt, si un changement de cap est encore possible.

1 David Pryce-Jones, *Betrayal : France, the Arabs, and the Jews*, Encounter Books, 2006.

L'antisémitisme est venu et il est resté
1er mars 2007

En France, la détestation d'Israël se dissémine, en général, de façon plutôt feutrée. On peut accuser des juifs de manipuler d'autres juifs et de fomenter un complot ou d'élaborer une « offre publique d'achat » sur les juifs de France. On peut aussi, bien sûr, accuser l'armée et le gouvernement israéliens de tous les crimes possibles, s'abriter à cette fin derrière la défense du « peuple palestinien », trouver des justifications au terrorisme en invoquant le « désespoir » des individus concernés. Il arrive même, dans l'exercice, que ce soient des auteurs juifs qui se montrent les plus virulents à soutenir ce qui n'est pas soutenable.

Ce phénomène inquiétant n'est, hélas, pas propre à la France. En Scandinavie ou au Royaume-Uni, où la parole est plus libre, la détestation est, en général, plus explicite encore. Aux États-Unis, pour les mêmes raisons, des ouvrages peuvent même en appeler à la nécessité de voir Israël, entité décrite comme « intrinsèquement maléfique », disparaître. Et là, encore, ce sont, souvent, il faut le dire, des auteurs juifs qui se portent à la pointe des théories quêtant l'anéantissement d'Israël.

C'est aux fins de montrer la dangerosité des propos de ce genre, les liens entre la haine de soi qui se manifeste ainsi, et une forme de racisme particulièrement malsain qui permet de parler de « juifs antisémites », que l'American Jewish Committee a décidé de publier, voici quelques mois, un petit ouvrage d'Alvin Rosenfeld, professeur à l'Indiana University, *« Progressive » Jewish Thought and the New Antisemitism* (La Pensée juive « progressiste » et le nouvel antisémitisme).

Rosenfeld y procède de manière scrupuleuse, détaillée, précise. Comme il l'écrit dès l'introduction, en citant Jonathan Sacks, grand rabbin du Royaume-Uni : « Le fascisme allemand est venu et a disparu, le communisme soviétique est venu et a disparu lui aussi, l'antisémitisme, lui, est venu et il est resté. Il a simplement changé de masques, d'atours et de visages. » Et il est « extrêmement triste » de constater que, chez ceux qui s'appellent eux-mêmes les « juifs progressistes », on rencontre des « contributions au climat intellectuel et politique » qui alimente l'antisémitisme contemporain sous couvert d'« antisionisme ». Tout en citant de nombreux auteurs dont les phrases ont, effectivement, de quoi donner des frissons, Rosenfeld en distingue plus particulièrement quelques-uns.

Ainsi l'universitaire britannique Jacqueline Rose, qui procède à des comparaisons très spécieuses entre Herzl et Hitler, sous prétexte que ceux-ci assistaient l'un et l'autre à des concerts de Richard Wagner, et n'hésite pas à écrire que, « dès sa naissance, on trouvait dans le sionisme les graines de la catastrophe ». Ainsi encore Michael Neuman, intellectuel canadien qui, après avoir parlé de « complot sioniste », note qu'Israël est engagé dans la perpétration d'un « génocide contre les Palestiniens ». Rosenfeld met en exergue, enfin, un livre qui semble particulièrement pernicieux, *Wrestling with Zion*, ouvrage collectif dont l'essentiel des contributeurs, parmi lesquels on ne s'étonnera pas de trouver Noam Chomsky et Norman Finkelstein, pense qu'il faut « mettre fin au plus vite à l'existence de l'État juif ».

Rosenfeld conclut de la façon suivante : « Le fait que l'antisionisme, compris comme le rejet du droit imprescriptible des juifs à leur patrie sûre en Israël, partage aujourd'hui des traits avec les idéologies antisémites du passé, ne semble pas troubler les juifs qui participent à cette entreprise. C'est plus que répréhensible, c'est une trahison. » Puis : « Au fil des décennies, nombre de gens de gauche ont été des opposants sans concessions à l'antisémitisme et ont combattu celui-ci. Voir certains de ceux qui prétendent être leurs héritiers contribuer à un antisionisme qui est porteur de nombreux traits de l'ancien antisémitisme ne peut que troubler et donner la nausée. Cela donne davantage la nausée encore de voir des juifs se placer en première ligne de cette contribution. »

Les principaux intéressés auraient pu répliquer, argumenter, tenter de défendre leurs positions. Ils ne l'ont pas fait. En revanche, on a vu, au fil des mois, paraître des articles qui ont attaqué insidieusement Rosenfeld et l'American Jewish Committee. Dans le *New York Times*, Alan Wolfe, directeur du Boisi Center for Religion and American Public Life, n'hésite pas à clamer que ce sont Rosenberg et l'AJC qui font preuve d'« antisémitisme ». Dans le *Boston Globe*, Stanley Kutler énonce que la vraie cible de Rosenfeld et de l'AJC, ce sont ceux qui se sont « courageusement opposés à la guerre en Irak ». Dans *The New Republic*, John B. Judis accuse Rosenfeld et les gens de l'AJC de « loyauté partagée » entre Israël et les États-Unis.

L'antisémitisme est venu, note Rosenfeld. Et il est resté, oui. Cela donne effectivement la nausée de voir que des juifs, sous prétexte de « progressisme », contribuent à l'antisémitisme, d'aujourd'hui. Le fait que, dans certains pays, aux États-Unis tout particulièrement, la parole soit libre, ne fait pas disparaître l'antisémitisme, mais lui permet de s'exprimer de façon plus explicite. Ce qui a, au moins, le mérite de la clarté.

Le fait qu'en ces pays la parole soit libre permet, par ailleurs, que la réplique et la critique puissent s'exprimer elles aussi de façon plus explicite, sans que, comme ce doit être la norme dans tout État de droit digne de ce nom, la justice puisse se trouver saisie.

Cela ne change rien au fond des choses, et il est évident que l'une des plus vieilles haines de l'histoire de l'humanité, et l'une des plus persistantes, n'en n'a pas fini de disséminer ses poisons. La vigilance et la détermination s'imposent, donc, plus que jamais.

L'état du monde et Israël
31 mai 2007

« Les hommes sages savent quelles choses néfastes sont écrites dans le ciel », écrivait Gilbert Keith Chesterton dans un de ses poèmes. Cette phrase traverse souvent mon esprit lorsque je regarde l'état du monde aujourd'hui. Quinze années après l'effondrement de l'Union soviétique, grâce – on l'oublie trop souvent – à la détermination de Ronald Reagan, un président des États-Unis qui savait nommer les choses par leur nom et parlait, sans circonlucutions, d'« empire du mal », les brefs espoirs de voir venir la « fin de l'histoire » et le règne planétaire de la démocratie libérale se sont évanouis.

Du côté de l'Asie, une alliance de dictatures se dessine entre la Chine post-totalitaire et la Russie revenue à l'autoritarisme. En Amérique du Sud, Hugo Chavez révèle chaque jour davantage son visage de fils spirituel de Fidel Castro. L'Afrique subsaharienne ne va pas très bien non plus, et on continue à massacrer au Darfour, ou à tuer ailleurs au jour le jour. La Turquie semble déstabilisée.

Les quelques bonnes nouvelles viennent d'Europe : Nicolas Sarkozy devrait être un président français plus cohérent que Chirac, moins enclin à maintenir une « politique arabe », plus lucide quant aux enjeux planétaires et à la survie des sociétés ouvertes. Je considère, à cet effet, la nomination de Bernard Kouchner au ministère des Affaires étrangères comme un événement prometteur : un défenseur des droits de l'homme venant remplacer une succession de cyniques plus ou moins crapuleux, plus ou moins racistes, et dernièrement, un analphabète en géopolitique, cela ne peut être qu'un signe positif, même s'il reste encore beaucoup de ménage à faire sur les bords de la Seine.

Nicolas Sarkozy et Angela Merkel ouvrent la voie à un rapprochement avec les États-Unis, comprenant, semble-t-il, qu'un Occident divisé est un Occident au bord du suicide. Mais parallèlement, Tony Blair quitte le pouvoir au Royaume-Uni et son successeur donne des signes d'apaisement vis-à-vis de l'islamisme, voire des signes d'antisionisme. Et de fait, quelques bonnes nouvelles ne peuvent se révéler suffisantes pour faire sortir l'Europe de son lent glissement vers l'hiver démographique et toutes les lézardes qui l'accompagnent.

Aux États-Unis, Bush tient le cap et est, jusqu'à présent, parvenu à juguler le défaitisme actif de la gauche démocrate, emmenée par Harry Reid et Nancy Pelosi. Les élections de 2008 seront cruciales, non seulement pour le pays, mais pour le monde, et elles seront serrées : je parierais aujourd'hui sur une finale Hillary Clinton-Rudy Giuliani, avec un avantage pour Giuliani, mais tant de choses peuvent encore survenir.

Cela dit, la région du monde dont la situation est aujourd'hui la plus préoccupante est le Proche-Orient. Et il me semble que l'Europe ne s'en préoccupe guère ou s'en préoccupe encore de manière trouble, alors que cela la concerne directement. Ce qui est inquiétant, à mes yeux, c'est non pas la politique d'Israël bien sûr, mais le comportement pathologique du monde musulman environnant à l'égard d'Israël. Les pays arabo-musulmans du Proche-Orient sont en situation d'échec et de stérilité. Ce sont des dictatures et des monarchies plus ou moins corrompues, le sous-développement économique y va de pair avec un sous-développement culturel et intellectuel. Leurs principaux produits d'exportations sont le fanatisme et le terrorisme. Et depuis bientôt trente ans, l'Iran s'est greffé à l'équation, pesant d'un poids de plus en plus malsain et potentiellement explosif.

Après des années d'apaisement et d'accommodement, les États-Unis et leurs alliés ont tenté d'inspirer une vague de liberté au milieu de tout cela, partant de l'idée que la frustration fait le lit des pires pulsions ; mais cette vague s'est brisée sous la violence frénétique d'assassins assoiffés de sang. Le seul pays arabe à avoir connu la démocratie, le Liban, n'en finit pas de ne pas sortir de guerres civiles et de déstabilisations, et, à l'emprise du Hezbollah, s'ajoutent maintenant les violences téléguidées par la Syrie et les mollahs de Téhéran.

Les rigidités véhiculées par la culture arabo-musulmane font qu'on y raisonne en termes de force, de faiblesse, d'appartenance ethnique ou tribale et pas du tout en termes de contrats et de traités. Ce que cette culture déteste, ce n'est pas vraiment Israël, c'est ce qu'Israël incarne : le développement, l'esprit d'entreprise, l'initiative, l'ouverture. L'existence d'Israël, qui devrait être ressentie dans le monde arabe comme une opportunité d'accès à la prospérité, est vécue, au contraire, comme une insupportable humiliation. Israël est un accomplissement étincelant au centre d'une mer de naufragés, qui *refusent de regarder en face le fait que la cause essentielle de leur naufrage réside en eux-mêmes et dans les dysfonctionnements multiples de leurs sociétés*. Israël est le bouc émissaire qui permet d'éviter de se regarder dans un miroir.

Des millions de psychopathes fanatisés rêvent, en ces conditions, au Proche-Orient, d'anéantir Israël, et Israël est en danger, plus que jamais depuis que la guerre de l'été 2006 s'est soldée par un échec.

Je n'imagine pas convaincre les Européens de ce qui me semble pourtant évident : pour les psychopathes susmentionnés, la destruction d'Israël ne serait qu'une première étape vers d'autres tueries et vers la Grande Soumission exigée des infidèles. L'Europe me semble, malgré les bonnes nouvelles évoquées plus haut, très éloignée, toujours, de la lucidité et du redressement.

Je sais que le destin d'Israël est entre les mains des Israéliens. J'espère qu'un nouveau gouvernement remplacera le gouvernement discrédité et inefficace d'Ehud Olmert, et que les Israéliens réaliseront vite que les réponses actuelles aux tirs palestiniens s'abattant sur Sdérot sont inefficaces et inutiles. L'heure n'est plus aux éliminations ciblées de criminels. Ni aux ripostes graduées. Elle n'est plus aux illusions d'un « processus de paix » qui n'a jamais été, pour les criminels anti-israéliens, quels qu'ils soient, qu'un processus de guerre déguisé. L'heure est à un nettoyage en profondeur de la présence terroriste à Gaza et à la reprise du contrôle de la frontière avec l'Égypte. Mais l'armée israélienne est-elle pleinement opérationnelle moins d'un an après l'échec de 2006 ? Faut-il encore risquer des vies ?

On peut aussi envisager les choses autrement : Israël fournit l'eau, l'essence et, de fait, l'électricité à Gaza. L'État hébreu aide, en somme, ceux qui s'activent à le détruire. Une réflexion sur l'absurdité de cette situation devrait permettre d'en tirer des conclusions. Un blocus immédiat ferait des victimes innocentes, mais une menace de blocus laisserait un délai (qui devrait être bref). Cela ne rendrait pas Israël populaire, mais Israël ne l'est déjà pas : malgré les efforts de paix, les gestes de bonne volonté, voire l'aide apportée aux criminels, l'État d'Israël n'a rien gagné en termes de popularité.

Les Israéliens doivent savoir que des millions d'Européens sont prêts à voir Israël disparaître pour ne plus en entendre parler. Seul le peuple américain, en sa grande majorité, quels que soient les clivages politiques (je laisse de côté l'extrême gauche et l'extrême droite), comprend leur souffrance et la considère insupportable. Les Israéliens savent déjà que ceux qui leur font face sont majoritairement des psychopathes au cerveau lessivé par une propagande répugnante. Ces derniers n'ont aucune éthique, aucun respect pour la vie humaine. Ils tuent parce qu'ils ne savent rien faire d'autre, mais distinguent néanmoins la force de la faiblesse. Le seul message qu'ils comprennent et qu'ils respectent, est la force, s'ils ont la certitude qu'elle les mettra hors d'état de nuire avant qu'ils n'aient atteint le moindre de leurs objectifs. Les plus gravement atteints parmi ces psychopathes sont palestiniens : encore n'est-ce pas de leur faute. Ce sont des gens auxquels le monde arabe et l'Union soviétique avaient autrefois attribué le rôle de la victime absolue et, plus récemment, celui du djihadiste absolu. Mais, quand bien même ce n'est pas leur faute, les faits sont là.

Quiconque doute de mes propos sur les Palestiniens peut consulter les échantillons de la presse palestinienne, rendus disponibles par le Middle East Media Research Institute ou visionner les nombreuses vidéos mises en ligne sur www.youtube.com. Des gens qui incitent leurs enfants à se suicider pour tuer, et qui applaudissent par milliers, en souriant, des récitations que Goebbels lui-même aurait hésité à faire ânonner à des jeunes hitlériens, sont à mes yeux bien davantage que des monstres. Le clamer me semble insuffisant. Je ne me battrais pas pour la France ou pour l'Europe : se battre implique que ce soit pour quelque chose et, pour le moment, j'attends de voir si la France ou l'Europe redeviennent quelque chose. Je me battrais, par contre, pour deux pays qui incarnent quelque chose : Israël et les États-Unis.

Réflexions, 40 ans après la Guerre des Six jours
20 juin 2007

Comme c'était prévisible, le quarantième anniversaire de la Guerre des six jours a donné lieu à une multitude d'articles dans la presse quotidienne et hebdomadaire de toute l'Europe, mais aussi à des émissions télévisées et à des livres. Comme c'était également prévisible, la quasi-totalité des articles, des émissions de télévision et des livres a donné une vision très biaisée des faits, et offert une reconstruction de l'histoire.

Un seul livre paru en langue française se révèle scrupuleux et procède à une mise en perspective correcte des faits : *La Guerre des Six Jours : la victoire et le poison* de Raphaël Delpard. En passant en librairie, j'ai vu malheureusement, mis en avant, surtout, le *1967 : Six jours qui ont changé le monde*, de Tom Segev, un historien israélien antisioniste pratiquant une forme de révisionnisme, celui dit des « nouveaux historiens ».

Considérant que laisser circuler sans réagir les rumeurs et le mensonge constitue le plus sûr moyen de voir ceux-ci triompher, je pense utile de procéder ici à tout un ensemble de rectifications nécessaires :

1. D'abord, n'en déplaise à ceux qui ont, volontairement ou involontairement, la mémoire courte, l'histoire de ce que Paul Giniewski appelle le « contentieux israélo-arabe » ne commence pas le 5 juin 1967. Elle ne commence pas même avec l'indépendance et la première guerre arabe contre Israël. Elle commence à la fin du dix-neuvième siècle avec le projet sioniste, qui s'inscrit indéniablement dans la perspective des mouvements d'émancipation nationale définis par le principe du « droit des peuples à disposer d'eux-mêmes ».

À l'époque, il y a l'Empire ottoman, mais aucun pays, aucune entité appelée « Palestine ». Il n'y a pas de peuple palestinien, mais des Arabes, nomades ou sédentaires, soumis à une autorité dont la capitale est Istanbul, et des juifs. Les autorités ottomanes voient d'un bon œil le projet sioniste, qui peut revivifier une zone désolée. Les dirigeants arabes de la région voient le projet sioniste d'un bon œil, eux aussi, essentiellement pour les mêmes raisons.

Pendant la première guerre mondiale, le Royaume-Uni passe un accord en vue de la création d'un foyer national juif (déclaration Balfour), et un autre accord avec les dirigeants arabes du Proche-Orient. Au lendemain de la guerre, et suite au démantèlement de l'empire ottoman, sont créés la Syrie et le Liban, placés sous mandat français, l'Irak et un État correspondant à quatre-vingts pour cent du « Mandat palestinien » confié aux Britanniques : la Transjordanie (aujourd'hui Jordanie).

Plus de vingt ans s'écouleront avant l'indépendance d'Israël. Ce temps verra, donc, la création de plusieurs États (ou proto-États) arabes dans la région, et, parmi eux, *la création, de facto, d'un État arabe palestinien* (le fait qu'il ait été confié à un descendant de la dynastie chérifienne est une autre question, totalement étrangère à ce débat).

Ce temps verra, jusqu'en 1947, le projet sioniste se poursuivre sur les vingt pour cent de territoire résiduel : des juifs s'installeront, entreprendront, créeront de la richesse. Des populations arabes viendront au titre de travailleurs immigrés. Les autorités britanniques, désireuses de pratiquer l'apaisement vis-à-vis du monde arabe, laisseront accéder à une position d'autorité pour la communauté musulmane, Ali al Husseini, un antisémite fanatique, qui se retrouvera au côté d'Adolf Hitler au temps de la « solution finale ». Il en résultera des violences meurtrières, des pogroms et la constitution de milices de défense juives. Jusqu'au moment où l'indépendance d'Israël sera proclamée, le Royaume-Uni fera preuve d'une effroyable partialité, empêchera des juifs, persécutés par les nazis, de trouver refuge dans leur foyer national, freinera l'immigration juive, fermera les yeux sur les violences arabes.

L'Organisation des Nations unies, en 1947, créera deux États sur le territoire résiduel : un second État palestinien, et l'État d'Israël. Les

Arabes ne voudront pas du second État palestinien, refusant de se contenter des 90 % du territoire mandataire. Ils en réclameront les 100 %. Les dirigeants arabes demanderont aux populations arabes de quitter provisoirement le territoire d'Israël, le temps que les juifs soient exterminés. Mais il n'y aura pas d'extermination. Israël survivra. Les Arabes qui avaient quitté Israël deviendront des « réfugiés ». Les pays arabes les maintiendront dans ce statut jusqu'à ce jour, avec la complicité des Nations unies : ont été considérés comme réfugiés tous ceux qui pouvaient prouver deux années de résidence sur le territoire israélien, et on a créé pour les assister un organisme spécial, l'UNWRA (United Relief and Works Agency), qui existe jusqu'à ce jour.

Israël, en somme, n'a, pour l'essentiel, pas chassé les Arabes de son territoire. Ce n'est pas Israël qui a créé un problème de « réfugiés ». Les dirigeants arabes, qui ont, eux, créé ce problème, n'ont jamais rien fait pour y remédier. L'UNWRA est le seul organisme à avoir jamais été fondé pour maintenir, pendant six décennies, des « réfugiés » en situation de « réfugiés ». Les camps de « réfugiés palestiniens » sont le seul endroit sur la planète où on est réfugié de père en fils, et de mère en fille.

Israël n'a occupé, à partir de 1948, que le territoire qui lui a été accordé par l'ONU, et des terres prises lors d'une guerre défensive contre les armées arabes.

2. N'en déplaise là encore à ceux qui privilégient la mémoire courte, ce qui s'est passé en 1967 n'a pas consisté en une attaque d'Israël contre ses voisins, mais en une phase ultérieure de l'action d'Israël contre leurs intentions exterminationnistes.

Sans cesse et sans répit, jusqu'au jour même où la guerre s'est enclenchée, les dirigeants israéliens n'ont cessé de demander que l'on signe avec eux des traités de paix. Dans les semaines et dans les jours qui ont précédé la guerre, les armées arabes se sont massées le long de la frontière d'Israël, en position offensive. Les dirigeants arabes n'ont cessé, au même moment, de tenir des discours haineux envers l'État hébreu et de parler « d'éradication » ou « d'anéantissement » de ce qu'ils appelaient l'« entité sioniste », et dont ils reconnaissaient si peu l'existence, qu'elle ne figurait pas sur les cartes de géographie qu'on trouvait à Damas (elle n'y figure toujours pas) ou au Caire. En mai 1967, peu de temps avant la guerre, Gamal Abdel Nasser, le dictateur égyptien, a fait passer 100 000 hommes de troupe dans le Sinaï, remilitarisé la frontière israélo-égyptienne, chassé les forces de maintien de la paix des Nations unies qui s'y trouvaient, bloqué le détroit de Tiran de façon à asphyxier Israël, une décision qualifiée « d'arbitraire et dangereuse » par le président américain Lyndon Johnson.

Israël s'est résolu à frapper parce qu'il était bien davantage qu'évident que les Arabes étaient sur le point de lancer une nouvelle vague belliciste à visées exterminatrices. Israël a pratiqué ce qu'on appelle la « doctrine Kennedy », en référence à la crise des missiles soviétiques à Cuba en 1962 : confronté à la certitude d'une action offensive à son encontre, un État n'attend pas d'être frappé pour mettre, si possible, ses adversaires hors d'état de nuire.

Comme en 1948, *Israël a mené une action strictement défensive*. La victoire a été rapide et éclatante. Bien que les Arabes aient disposé de 465 000 soldats, de 2 880 chars, de 810 avions de chasse, leurs moyens furent très vite réduits à néant par la supériorité tactique et stratégique des armées israélienne, menées au combat par Moshé Dayan.

Dès les premières heures du 5 juin 1967, les aéroports et les avions arabes ont été détruits. « La guerre était achevée dès son commencement », a dit un commentateur. Les armées égyptiennes en déroute et privées de support aérien ont fui dans le Sinaï, et les prisonniers se sont comptés par milliers. L'armée jordanienne, passée à l'attaque malgré les recommandations d'Israël, demandant au roi Hussein de rester « en dehors » du conflit, a connu elle aussi la débâcle. L'armée syrienne a été délogée des hauteurs du Golan depuis lesquelles elle tirait sur les populations civiles du nord d'Israël. La cessation des hostilités est venue au bout de six jours, suite à un discours de plus en plus menaçant des dirigeants soviétiques, et aux déclarations américaines en défense d'Israël.

Toute la situation géopolitique de la région s'est trouvée modifiée. Tous les discours aussi.

C'est à ce moment que la France a rompu son alliance avec Israël, et a commencé à adopter clairement la position d'hostilité anti-israélienne qui a été au cœur de la « politique arabe de la France ».

C'est à ce moment que les États-Unis se sont nettement rapprochés d'Israël, et ont discerné en Israël un allié stratégique et un pays avec lequel existaient des affinités électives qui n'ont cessé de se renforcer depuis.

Les pays arabes ne se sont plus contentés de parler de « l'entité sioniste », mais ont dû reconnaître de facto qu'Israël existait et était une puissance au Proche-Orient. La déclaration dite des trois « non » à Khartoum, quelques mois plus tard, a montré une fois encore l'étendue de la haine arabe à l'encontre d'Israël, mais la haine a dû dire son nom : refuser de reconnaître un pays, refuser de négocier avec lui, refuser de signer un traité avec lui, constitue une manière flagrante de cesser d'ignorer l'existence de ce pays. Il faudra quelques années encore, et une guerre particulièrement fourbe, puisque déclenchée au moment du Kippour, pour que l'Égypte signe un traité de paix. Il faudra quelques années de plus pour que la Jordanie suive la même voie. C'est néanmoins en 1967 que le processus qui mènera aux traités a débuté.

En 1967, Israël vient occuper des territoires qui, ce doit être dit une fois pour toutes, n'ont pas été « occupés » au terme d'une guerre d'agression, mais *pris au cours d'une action de défense*, ce qui en change complètement le statut en termes de droit international. Si un agresseur perd une guerre, l'agressé, en l'occurrence Israël, a légitimité pour conserver des territoires qu'il estime nécessaire à sa défense, surtout si l'agresseur reste en posture d'agresseur potentiel.

En 1967, Israël retrouve des zones dont il avait été chassé par les armées arabes en 1948 : certaines parties de la Cisjordanie, Kfar Etzion et la vieille ville de Jérusalem qui, selon le plan de partition de l'ONU, en 1947, relevaient de la juridiction d'Israël, et s'étaient trouvées *illégalement occupées* par la Jordanie. En 1967, Israël retrouve aussi les racines du peuple juif : outre la vieille ville de Jérusalem, Shiloh, Bethlehem, Jéricho, Hébron, pour ne citer qu'elles.

1967 sera aussi l'année où commencera le lent déclin du nationalisme arabe, et ce déclin se poursuivra jusqu'à la décrépitude actuelle, où plus un dirigeant arabe ne parle de l'unité de la

« nation arabe ». L'érosion du nationalisme arabe par l'islamisme avait, en fait, commencé longtemps auparavant, avec la fondation des Frères musulmans dans les années 1920, et l'accès au pouvoir des Saoud wahhabites en Arabie. La montée de l'islamisme se poursuivra ensuite jusqu'à ce jour, et l'islamisme donnera à la lutte pour la destruction d'Israël son véritable nom : *djihad*, guerre sainte. L'avantage lié au fait que la lutte recevra son véritable nom est qu'il en résultera, pour qui sait lire, l'évidence que ce n'est pas contre Israël que la guerre sainte islamiste se mène, mais au-delà d'Israël, contre la civilisation occidentale et, plus largement, contre les sociétés ouvertes.

1967 sera l'année où le nationalisme palestinien, auquel certains songeaient depuis quelques années, prendra clairement forme. On parlera, dès lors, non plus de la lutte de la « nation arabe » pour la destruction d'Israël, mais de la « lutte de libération nationale » du « peuple palestinien », et les « réfugiés » seront eux-mêmes rebaptisés « peuple palestinien ». Le terrorisme se verra affublé du nom, usurpé, de « résistance ». La gauche occidentale, qui voyait jusque-là Israël comme le petit David assiégé par un monstrueux Goliath, changera de position, et cèdera aux sirènes d'une propagande concoctée, en bonne partie, dans l'empire soviétique. Inversant mentalement les rôles, elle commencera à donner au « peuple palestinien » des allures de David, et à Israël le rôle honni de Goliath.

En 1967 sera votée la résolution 242 de l'ONU, qui sert jusqu'à ce jour de référence et où il est question de « paix juste et durable » et de restitutions de « territoires occupés », et non, comme le dit la propagande, « *des* territoires occupés ». En 1967, Abba Eban se rendra à l'ONU pour demander que la paix soit signée et, comme le dira Lord Carendon, représentant du Royaume-Uni aux Nations unies, ce sera « la première fois dans l'histoire que la puissance victorieuse et agressée demande la signature d'un traité de paix, et que les puissances vaincues refusent ».

Dès 1967, Israël proposera l'échange de « territoires » en échange de la « paix ». Ce genre d'échange a eu lieu avec l'Égypte, et Israël, en offrant la restitution du Sinaï, a respecté le contrat. La Jordanie a signé la paix sans, pratiquement, réclamer de territoires. La Syrie n'a jamais parlé de paix, et la dictature de la famille Al Assad n'est, de toute façon, pas un partenaire avec qui on peut signer des contrats, le passé et le présent le montrent, mais un adversaire fourbe dont il faut se défier.

Gaza et la Cisjordanie se sont trouvées définies peu à peu comme « territoires palestiniens ». Longtemps, jusqu'aux accords d'Oslo,

Israël s'en est tenu à la stricte vérité : à savoir qu'il existe déjà un État palestinien, la Jordanie, et que créer un second État palestinien, comme le prévoyait l'ONU en 1947, n'est plus d'actualité dès lors que les Arabes ont refusé ce second État lorsqu'il en a été question. Lors des accords d'Oslo, Israël a reconnu le « peuple palestinien », inventé en 1967 par les ennemis d'Israël, et une machine infernale s'est trouvée enclenchée.

Une « Autorité palestinienne » a vu le jour. Israël a négocié avec les dirigeants de celle-ci, et se voit incité à négocier encore, quand bien même les négociations débouchent sur des impasses, sur un affaiblissement de la position d'Israël, sur des assassinats supplémentaires de civils israéliens. Israël a fait des concessions injustifiées, et, quand ces concessions ont débouché sur une frénésie destructrice plus forte chez les ennemis d'Israël, les « amis » d'Israël en Europe, et quelquefois en Amérique, ont demandé à Israël davantage de concessions encore. L'Europe et les États-Unis se sont mis à parler de « peuple palestinien », comme si l'existence de celui-ci relevait de l'évidence, et de « dirigeants du peuple palestinien », comme si le « peuple palestinien » avait des dirigeants dignes de ce nom et dotés de la moindre légitimité.

On raisonne peu à peu comme si l'histoire avait commencé en 1967, et, surtout, on oublie la véritable histoire.

On parle comme s'il n'y avait pas eu la guerre d'extermination de 1948, comme s'il y avait vraiment des « réfugiés palestiniens » expulsés par Israël, comme s'il existait un « peuple palestinien », comme si Israël avait mené une guerre d'agression en 1967, comme si Israël avait occupé, en 1967, des « territoires palestiniens » de manière arbitraire et injuste. Personne ou presque ne dit que Gaza était territoire égyptien jusqu'en 1967 (faudrait-il parler, pour ce laps de temps, de « territoire occupé » par l'Égypte ?). Nul ne dit que la Cisjordanie était territoire jordanien jusqu'en 1967 (« occupé » par la Jordanie ?). Personne n'ose rappeler qu'Israël aurait bien voulu échanger une bonne part de ces territoires contre un traité de paix global, mais n'a pu le faire, faute d'interlocuteur. Personne n'ose dire qu'Israël, faute d'interlocuteur, encore, aurait pu annexer ces territoires.

On ne voit pas qu'en hésitant parfois, en se montrant trop généreux, souvent, Israël, depuis 1967, s'est retrouvé placé peu à peu dans le mauvais rôle.

À partir de 1967, Israël a cherché des partenaires pour la paix et en a trouvé, rarement. Israël aurait pu se dire que ceux que ses diplomates ne trouvaient pas n'existaient tout simplement pas, et en tirer les conclusions. C'est, parfois, mais pas assez, ce qui a fini par se faire.

La solution A, territoires contre la paix, ne marchant pas, certains dirigeants israéliens ont envisagé de passer à la solution B, l'annexion. Et les implantations israéliennes, en Cisjordanie et à Gaza, ont constitué des formes d'annexions, et celles-ci ont commencé, en fait, dès le moment où, en parallèle, certains tentaient la solution A. Les adeptes de la solution B tenaient les adeptes de la solution A pour des naïfs suicidaires. Ils considéraient aussi, avec des titres pour le faire, que la Cisjordanie et Gaza étaient, selon les accords initiaux, territoires attenants au foyer national juif, volés aux juifs par la violence des uns et les concessions des autres.

La solution A ne fonctionnant pas et la solution B n'ayant pas été menée avec assez de détermination, Israël est passé à la solution C, la séparation et le divorce, et c'est ce que la construction de la barrière de protection et le retrait de Gaza étaient censés incarner. Il est clair, pour moi, que la solution C ne marche pas non plus. Gaza est en situation de chaos, et on y amasse des armes sur fond de propagande génocidaire. Des terroristes tirent, depuis Gaza, des roquettes qui transforment la ville de Sdérot en ville morte ou moribonde, et certains se demandent si les roquettes ne vont pas bientôt être dirigées vers d'autres villes.

On discerne, aujourd'hui, en Israël, qu'on peut divorcer d'avec des gens avec qui on n'est d'accord sur rien, mais qu'on ne peut avoir pour voisin un « peuple » inventé uniquement et essentiellement pour créer le chaos et la destruction, et pour servir de victime sacrificielle ou d'arme humaine aux fanatiques.

Thomas Friedman, dans le *New York Times*, parlait récemment de la nécessité d'une quatrième solution, un plan D ! Celui-ci impliquerait de procéder à une mise en perspective, de regarder avant Oslo en 1993, de regarder en face ce qui s'est passé en 1967, ce qui s'est passé aussi en 1947-1948, ce qui s'est passé bien avant ces dates.

Et si le problème crucial, le seul qui vaille la peine qu'on se penche dessus, était le fanatisme arabe ? Si le problème était l'incapacité du monde arabe à trouver sa place dans la modernité de manière harmonieuse et constructive ? Si le problème avait été d'abord le choix par le monde arabe, pour entrer dans la modernité, d'un nationalisme teinté de national-socialisme, et ensuite, la tentation d'un islamiste nihiliste, criminel, frénétique et à même de ne déboucher que sur la destruction ? Si ce problème crucial servait de prétexte à tous les ennemis de la liberté pour faire avancer leurs propres appétits de destruction ? Est-ce un hasard si les « amis » du « peuple palestinien » en Europe et en Amérique sont, à droite et à l'extrême droite, à gauche et à l'extrême gauche, des nostalgiques des totalitarismes nés et morts au vingtième siècle ?

Poser le problème crucial est plus urgent que jamais. Et ceux qui voudraient se laver les mains du futur d'Israël, en succombant, volontairement ou non, à la vision biaisée de l'histoire disséminée par Tom Segev et les auteurs de la plupart des articles et documentaires consacrés récemment à la guerre des six jours, devraient voir un autre aspect de celle-ci.

Derrière l'agression arabe contre Israël, en 1967, il y avait l'agression soviétique contre le monde libre (Daniel Pipes vient d'écrire un article marquant sur le sujet : « La guerre soviétique des six jours »), et la guerre des six jours avait, donc, de fait, une dimension planétaire : il aurait suffi de peu pour qu'elle devienne une guerre mondiale.

Derrière l'agressivité arabe et islamiste aujourd'hui, il y a l'agression islamiste contre le reste du monde, et la guerre qui couve a, elle aussi, une dimension planétaire. Il suffirait de peu, à nouveau, pour qu'elle devienne une guerre mondiale, si ce n'est pas déjà le cas.

Daniel Pipes, « La Guerre soviétique des Six Jours », 29 mai 2007, danielpipes.org.

Les Barbares avancent
29 juin 2007

Ce qui s'est passé ces derniers jours à Gaza a constitué la démonstration concrète de ce que j'affirme, depuis des années, à propos des « Palestiniens ». Le maintien, par le monde arabe, avec la complicité des Nations unies, de ces gens infortunés dans des « camps de réfugiés » constituait tout à la fois une immonde expérimentation sur l'être humain, et une instrumentalisation abjecte d'hommes et de femmes au service d'une haine qui ne dit plus son vrai nom depuis longtemps, mais qui n'a cessé de quêter la destruction d'Israël. La création de l'idée de « peuple palestinien », dans les années soixante, n'a été qu'un pas supplémentaire dans cette expérimentation et cette instrumentalisation.

Les accords d'Oslo, concédés par Israël sous la pression internationale, la création de l'Autorité Palestinienne, confiée à la clique terroriste de Yasser Arafat, puis l'abandon par Israël de Gaza aux mains de cette clique, ont été des pas supplémentaires, encore, dans la même direction. La prépondérance du Hamas et la façon dont celui-ci l'assure, étaient, en ce contexte, prévisibles. Quand on laisse une population sous la férule de crapules cyniques et corrompues qui se maintiennent au pouvoir par la violence, l'incitation à la haine et la destruction, et quand la seule alternative, ce sont des crapules moins cyniques, moins corrompues, tout aussi violentes, mais plus intenses dans la haine et l'appétit de destruction, ce sont, en général, les moins corrompus, les plus haineux et les plus destructeurs qui l'emportent. Les « élections », en ce genre de contexte, sont, habituellement, une étape avant la prise du pouvoir absolu et l'instauration d'un totalitarisme absolument meurtrier.

Le gouvernement israélien et la « communauté internationale » vont s'acharner à reconnaître très vite une « légitimité » à Mahmoud Abbas et à ses séides, en feignant de ne pas voir que ceux-ci ont prouvé, à de nombreuses reprises, qu'ils ne sont pas dignes de la moindre confiance. Gouvernement israélien et « communauté internationale » vont continuer, en parallèle, à ne pas reconnaître le Hamas, parce qu'il est cruel et fanatique et, surtout, parce qu'il énonce clairement des intentions négationnistes et génocidaires que le Fatah, lui, dissimule de manière hypocrite tout en les partageant.

J'affirmerai ici que le choix, à moyen terme, ne sera pas entre la peste Abbas et le choléra Hamas. Et j'ajouterai que, d'ores et déjà et depuis longtemps, le choix ne devrait pas être limité à ces deux maladies. Plus tôt, en effet, on le discernera, et mieux ce sera pour Israël, pour le monde arabe, pour ceux qu'on appelle « les

Palestiniens » et, plus largement, pour le monde civilisé.

Il faudra oser souligner, tôt ou tard, qu'il ne peut y avoir d'« État palestinien » en Cisjordanie et à Gaza, parce que l'idée de cet État n'a été qu'un prétexte pour une lamentable succession de subterfuges et de manipulations, visant, en réalité, la destruction d'Israël. Subterfuges et manipulations ont servi de véhicules, successivement ou simultanément, au nationalisme arabe, aux manœuvres soviétiques, aux dictatures régionales et à l'islam radical.

Il faudra oser clamer qu'il ne peut y avoir d'« État palestinien » en Cisjordanie et à Gaza, parce que la manipulation mentale de milliers de gens n'en fait pas un peuple et, surtout, parce que les « forces politiques » palestiniennes reposent toutes, depuis le commencement, sur le mensonge, le terrorisme et la prédation, et que rien de fécond ou de stable n'est jamais sorti du mensonge, du terrorisme et de la prédation.

On pourra ajouter, bien sûr, ce qu'on a tendance à oublier : qu'il existe déjà un État palestinien qui possède sa capitale à Amman.

Ce qui serait nécessaire à Gaza, présentement, ce serait non pas une reprise en main par Abbas ou je ne sais quel clone triste d'Arafat, ce ne serait pas non plus une force d'interposition : ce serait un nettoyage, en profondeur, qui en extraie les armes, les explosifs, les outils de propagande, et qui fasse comprendre aux assassins vociférants, la douleur d'une défaite sans retour. Ce qui serait nécessaire, à Gaza, ce serait aussi, fondamentalement, plusieurs années d'éducation à la paix, au droit et à la démocratie. Le projet peut sembler trop ambitieux, j'en suis conscient, mais si, au moins, le nettoyage, en termes d'armement, était effectué, ce serait un strict minimum.

On pourrait attendre aussi, bien sûr, que les terroristes « modérés » et les terroristes radicaux s'entretuent jusqu'à l'épuisement ; malheureusement, il y aurait encore des victimes civiles qui se trouveraient prises au milieu du carnage.

On devrait demander à l'Égypte qu'elle prenne ses responsabilités, et dire à Moubarak qu'une frontière par laquelle passent des armes est aussi une frontière par laquelle devraient logiquement pouvoir passer la nourriture et les médicaments. On devrait lui dire qu'il est aberrant que ce soit d'Israël qu'on attende les aides humanitaires, et que c'est Israël qui doive fournir l'énergie qu'utilisent les criminels des diverses factions. On devrait dire, enfin, qu'au-delà d'une aide d'urgence qui devrait passer par l'Égypte, l'aide internationale essentielle qui devrait parvenir à Gaza, ce serait *la cessation totale des aides internationales* : on a trop longtemps subventionné les détournements de fonds et le goût du sang.

Ce qui serait nécessaire en Cisjordanie, pour poursuivre, ressemblerait d'assez près à ce qui serait nécessaire à Gaza, et il faudrait souligner sans cesse que ce qui a, jusque-là, évité que la Cisjordanie ne connaisse le même glissement vers l'abysse que Gaza a été la présence israélienne.

Certes, je le sais, l'Égypte ne fera rien, Israël continuera à approvisionner Gaza et à parler avec Abbas. La « communauté internationale » n'interrompra pas ses aides, le nettoyage en profondeur n'aura pas lieu. On continuera à parler de l'« État palestinien » à créer.

Le seul résultat, hélas, sera de prolonger les souffrances des uns et le comportement criminel des autres. Les souffrances des uns empireront, le comportement criminel des autres se fera plus criminel encore. Comme le demande une vieille chanson de John Fogerty : *« Who will stop the rain ? »* Qui arrêtera la pluie ? Ou, pour dire les choses autrement, qui arrêtera l'abomination ?

Quoi que prétendent les péroraisons et les circonlocutions diplomatiques, il n'y aura pas d'«État palestinien» en Cisjordanie et à Gaza. Je le note à nouveau ici, et je prends date. Tant qu'on parlera d'État palestinien à créer en Cisjordanie et à Gaza et de « peuple palestinien », le monde arabe restera enfermé dans ses pathologies, l'islam radical continuera à semer le malheur, sur fond de cadavres et frénésies de rage.

En une sorte de cercle très vicieux et très vicié, les pathologies du monde arabe, l'islam radical, mais aussi la pusillanimité occidentale font, c'est très triste, qu'on continue et qu'on continuera à parler d'État palestinien à créer en Cisjordanie et à Gaza et de « peuple palestinien » pendant des années encore.

Le changement viendra, s'il doit venir, lorsque le monde occidental saisira enfin pleinement qu'il est confronté à une guerre mondiale menée par le totalitarisme islamique, que face à cette guerre, Israël est l'une des composantes cruciales de la civilisation, et que dans une guerre mondiale en laquelle on est confronté à un totalitarisme, il n'y a que deux issues : la victoire du totalitarisme, ou son écrasement.

Le monde occidental n'a, pour le moment, par aveuglement ou par lâcheté, pas décidé d'écraser le totalitarisme. Il est logique, dès lors, que le totalitarisme suive son cours.

Au cœur du chaos meurtrier de Gaza, il existe une bestialité semblable à celle qui imprègne les auteurs d'attentats en Irak, au Liban, en Afghanistan et ailleurs dans le monde. Il existe une bestialité identique à celle de ceux qui, voici peu encore, perpétraient des attentats suicides en Israël ou détournaient des avions, à l'automne 2001, au-dessus de New York et de Washington. *Who will stop the rain ?* Combien de temps faudra-t-il pour comprendre ? En attendant, les barbares avancent. Et ils tuent.

27 juillet 2007

Je n'entends pas venir ici gâcher les attentes de ceux qui espéreraient que la paix est en train de poindre au Proche-Orient. Mais je ne puis m'empêcher d'exprimer mes doutes très profonds. Il y a bien pire que se tromper sur la réalité : c'est subir les conséquences qu'il faut parfois subir lorsque l'on s'est trompé.

Je considère que les dirigeants présentement au pouvoir en Israël ne sont pas à la hauteur de leurs responsabilités et ne sont en rien de la trempe de ceux qui font l'histoire et qui ont marqué, pour le meilleur, l'histoire passée du pays. Je vois en eux, pour l'essentiel, de médiocres politiciens aveuglés par l'opportunisme, et des gens myopes, incapables de tirer les leçons des événements et d'avoir une pensée stratégique. Et je souhaite pour le futur d'Israël et, tout simplement, pour qu'Israël vive, qu'une alternance s'opère et permette un retour à la lucidité.

Je constate que, parmi les dirigeants palestiniens quels qu'ils soient, il n'existe aucun homme qui soit à même d'avancer vers la coexistence de deux États, Israël et un État palestinien nouvellement créé. Et je vois, entre Mahmoud Abbas et les dirigeants du Hamas, une simple différence de discours : celle séparant un héritier épuisé du système corrompu mis en place par

Arafat, et des héritiers excités du système fanatique élaboré par le cheikh Yassine.

Je discerne dans les propos récents de George Bush et dans l'appel lancé par lui à l'organisation d'une conférence de paix à l'automne, de simples paroles diplomatiques destinées à montrer sa « bonne volonté », dans un contexte où la situation intérieure américaine est difficile et où, dans le reste du monde, en Europe et dans le monde arabe sunnite, on attend, à des degrés divers, de la part de l'Amérique, des signes d'« ouverture » et d'apaisement.

Les choses se clarifieront au fil des semaines. Il n'en reste pas moins utile de rappeler que :

1. Le retrait de Gaza a eu pour conséquence visible la transformation du territoire en un repaire de terroristes plus assoiffés de sang que jamais, comme le prévoyaient les analystes les plus pessimistes à l'époque.

2. La guerre, très mal menée voici un an contre le Hezbollah au Liban, a débouché sur un renforcement des positions du Hezbollah dans tout le sud du Liban, comme le prévoyaient encore les mêmes analystes.

3. Ce qui distingue la situation en Cisjordanie et la situation à Gaza est, comme l'ont dit les mêmes analystes, toujours, non pas tant que Mahmoud Abbas garde encore le contrôle en Cisjordanie alors qu'il l'a totalement perdu à Gaza. C'est qu'en Cisjordanie, Israël reste présent et garde les moyens d'éviter le pire, à savoir un glissement plus net vers le chaos.

4. Les accords d'Oslo ont débouché très exactement sur ce que craignaient, dès l'époque, ceux qui parlaient de ruse totalitaire de la part des dirigeants palestiniens : un processus de guerre poursuivie par d'autres moyens que la guerre ouverte.

Olmert s'achète provisoirement un maintien au pouvoir. Abbas se paie une survie politique, elle aussi très vraisemblablement provisoire. Bush donne les gages qu'on attend de lui au sein de ce qu'on appelle la « communauté internationale » et aux yeux de ce qu'on appelle, aux États-Unis, les « réalistes » et les « modérés ».

Tôt ou tard, il faudra bien voir que l'Iran, la Syrie, le Hezbollah, le Hamas, al Qaïda sont de plus en plus hargneux et se préparent à la guerre, avec l'espoir évident de la gagner. Il faudra bien voir que les dirigeants de pays tels que l'Égypte et l'Arabie Saoudite craignent l'hégémonie iranienne sur la région, mais redoutent tout autant de passer vis-à-vis de leur population pour des pleutres, prêts à se coucher devant l'Amérique et Israël. Il faudra voir que l'Europe est faible, relativement impuissante, plutôt lâche, et préoccupée par ses intérêts commerciaux et énergétiques davantage que par les valeurs éthiques : ce qui la conduit à passer aisément Israël par pertes et profits, quitte à masquer cela derrière un discours hypocrite, et à faire semblant de croire à sa propre « impartialité ».

Pour le malheur du monde arabe et du monde musulman du Proche-Orient, les dysfonctionnements qui ont entraîné le sous-développement économique, politique et culturel de la région sont toujours là. Ils continuent à nourrir aigreurs, frustrations, fantasmes et ressentiments, malgré quelques voix réformistes très minoritaires.

Pour le malheur plus grand encore des Arabes palestiniens, ceux-ci composent une population prise en otage des calculs des potentats nationalistes arabes, d'abord, des visées apocalyptiques des leaders islamistes, ensuite, de dirigeants modelés pour servir les calculs des uns et les visées des autres, enfin. Il s'agit d'une population qui souffre de cette prise en otage depuis six décennies, d'une population qui a été programmée par ses vrais tortionnaires (arabes) pour souffrir : c'est terrible à dire, mais c'est là un fait. C'est aussi, et par cela même, une population qui, plus que toute autre dans la région, a été pétrie de haines et d'incitations à la violence la plus barbare.

La paix ne viendra pas des lunettes roses de Shimon Peres, du siège auquel s'accroche Ehud

Olmert, de la bouée de sauvetage à laquelle Abbas cherche à s'agripper, ou des paroles tenues par George Bush pour les caméras de télévision. Elle ne viendra pas de nouveaux retraits israéliens suivant le retrait de Gaza, de la libération massive de terroristes, telle celle qui vient d'être organisée par Israël, de millions de dollars versés à des détenteurs de comptes numériques dans divers paradis fiscaux, de signatures éventuelles sur des morceaux de papier. Je l'affirme et prends date, en souhaitant me tromper, mais en sachant, au fond de moi, que je ne me trompe pas.

Aucune paix n'est jamais possible, dans la durée, avec des dictateurs, des fanatiques. On peut, au mieux, parvenir, avec ce genre de gens, à une coexistence froide, mais cette coexistence froide suppose, pour exister, que la partie adverse soit pleinement persuadée que toute attaque aura des conséquences si désastreuses, qu'il soit impensable pour elle de les envisager. C'est cette persuasion qui a retenu l'Union soviétique pendant des années. Je ne suis pas certain qu'elle suffira à retenir l'Iran.

Les traités de paix se signent entre dirigeants de pays partageant certaines valeurs fondamentales permettant le respect du contrat et de la parole donnée. Aucun dirigeant palestinien ne partage les valeurs fondamentales des Israéliens et des Occidentaux.

Israël risque de se trouver confronté à une guerre, plus vite peut-être qu'on ne l'imagine. Israël devra impérativement gagner. Je n'ai nul besoin de préciser pourquoi.

Israël devrait se préparer à gagner la guerre et réfléchir ensuite aux conditions possibles d'une coexistence froide, et réellement dissuasive vis-à-vis des plus assoiffés de son sang et de ses cadavres. Tant que les valeurs fondamentales des dirigeants palestiniens, musulmans, proche-orientaux et arabes n'auront pas changé, toute autre attente sera vaine.

Une vraie lutte contre le mensonge est possible
22 août 2007

En voyant le travail admirable effectué par quelques cinéastes et une poignée de femmes et d'hommes courageux aux États-Unis, je me dis que si un travail équivalent était effectué en France et dans d'autres pays d'Europe, la vision régnante du conflit proche-oriental, et du danger incarné par l'islam radical, ne serait pas ce qu'elle est.

Il pourrait être suffisant de traduire et de diffuser ces œuvres. Si des organisations de lutte contre l'antisémitisme et/ou de défense d'Israël et des valeurs de la société ouverte le voulaient vraiment, ce serait déjà chose faite. Et ce serait bien plus intéressant et fécond que de reprendre les éternels discours parlant de « paix » dans l'abstrait, de la nécessité de lutter contre « tous les racismes », dans l'abstrait là encore, ou de l'impératif qu'il y aurait, comme disent les adeptes myopes du prêt-à-penser ambiant, à « ne pas importer ici des conflits qui ont lieu ailleurs ».

La paix n'est pas une notion abstraite, mais une *situation* qui ne se matérialise qu'à partir du moment où il y a un vainqueur et un vaincu ; ou à partir du moment où les parties concernées trouvent un terrain d'entente qui implique la reconnaissance de valeurs minimales communes, ne seraient-ce que les conditions permettant le respect de la parole donnée. Or strictement rien aujourd'hui ne permet la matérialisation de ces conditions. Le racisme est haïssable et doit être combattu, mais si le racisme anti-arabe est aussi haïssable que l'antisémitisme, les propensions à classer l'islamophobie parmi les racismes constituent une perversion même de la définition du racisme, en ce qu'elles assimilent une religion à une race, et les discours critiques concernant cette religion à un racisme. Le conflit du Proche-Orient n'a pas lieu dans un « ailleurs » dissociable d'un « ici » : il est un fragment d'un conflit planétaire, entre démocratie et totalitarisme, qui nous concerne tous et qui, on le voit chaque jour, ne connaît pas de frontières.

Un film appelé *Obsession* est disponible sur le net depuis plusieurs mois. Une version sous-titrée en français a été mise en ligne par Alain Jean-Mairet, mais a été très peu diffusée, ce qui est bien davantage que regrettable. Le film a été montré sur Foxnews et a ainsi pu toucher des millions de téléspectateurs américains. Il a été recommandé sur CNN : le présentateur a demandé à ceux qui le regardaient d'éloigner les enfants de la télévision au moment où en étaient diffusés de courts extraits.

Serait-il excessif de demander qu'une chaîne câblée francophone fasse ce qu'a fait CNN, quitte à demander aussi qu'on éloigne les enfants de la télévision ? Je sais, ce qui serait choquant, serait que les spectateurs français voient des fanatiques islamistes meurtriers parler des États-Unis, de George Bush et d'Israël dans des termes qu'on pourrait croire calqués sur ceux de certains commentateurs de grandes chaînes françaises. Ce qui serait choquant, ce serait aussi, pour les spectateurs français, de découvrir que des gens peuvent prendre un plaisir visible à l'idée d'assassiner atrocement, et peuvent transmettre le goût du sang à des enfants de huit ou dix ans. Ce choc, pour ce qui me concerne, me semblerait salutaire, car il montrerait ce qui est en jeu : la barbarie la plus abjecte depuis le temps d'Auschwitz.

Les auteurs ont fait appel à des commentateurs courageux, tels Walid Shoebat, ancien islamiste passé de l'autre côté du miroir. Mais, pour l'essentiel, il ne s'agit que de la juxtaposition de discours tenus par des islamistes eux-mêmes. Et cela doit être souligné dans le contexte dans lequel nous nous trouvons : *Obsession* n'accuse pas l'islam, mais présente, d'emblée, *les musulmans comme victimes, eux aussi, de l'islam radical*.

Nicolas Sarkozy a pris ses fonctions en exaltant l'esprit de la résistance au nazisme, et c'est très bien. Pourrait-il faire un pas de plus et suggérer que, tout comme des documentaires sur le nazisme sont programmés pour que nul n'oublie ce qui s'est passé voici soixante ans, on puisse aussi programmer ce documentaire-là, pour que nul ne s'aveugle sur ce qui se passe aujourd'hui, au présent, et qui nous menace ? Je ne me fais aucune illusion, bien sûr : le mieux que je puisse faire, pour l'heure – et tant que des gens bien intentionnés, comme Jonathan Myara ou Patrick Klugman, toujours membre du CRIF, ne m'auront pas imposé le silence ou un départ définitif vers des cieux plus cléments et moins liberticides –, c'est de donner le lien permettant d'accéder au film : www.obsessionthemovie.com. Et de recommander à ceux qui me lisent de disséminer ce lien aussi largement que possible. Je veux penser qu'il y a, en France, des millions de braves gens intoxiqués par le mensonge, jour après jour, qui, confrontés à la vérité, pourraient retrouver un sursaut de discernement et partant, de dignité.

Sous l'impulsion de David Horowitz, pour lequel j'ai de l'amitié et une profonde estime que je n'ai jamais cherché à cacher, et qui me vaut une partie des poursuites en justice dont je fais l'objet, a été créé le Terrorism Awareness Project (terrorismawareness.org). Un projet destiné à disséminer à travers les États-Unis et sur la planète entière, une conscience claire du péril mortel incarné par l'islamisme. Une semaine de manifestations diverses sera organisée, en octobre, dans plus de deux cents universités, destinée, je cite, à « réfuter les deux mensonges les plus délétères de la gauche politique : que George Bush est l'initiateur de la guerre en cours, et que le réchauffement global constitue un danger plus grand que la menace terroriste ». Sur le site du Project figurent trois courts métrages en tous points remarquables et qui, eux aussi, devraient faire l'objet de la diffusion la plus large.

Le premier s'appelle *The Islamic Mein Kampf* (Le Mein Kampf islamique) et rappelle, de façon très documentée, les liens étroits entre le djihadisme contemporain, – tout particulièrement le djihadisme palestinien – et les dogmes propagés par Adolf Hitler. On y trouve des propos tenus par les dirigeants palestiniens, ou par Nasrallah, qui semblent être un simple décalque de ceux tenus autrefois par les génocidaires du Troisième Reich. Il n'y a pas de commentaire là encore : les discours parlent d'eux-mêmes. Une vieille phrase de George Santayana, qu'il serait utile de méditer en Europe, vient en conclusion : « Ceux qui sont incapables de se souvenir du passé sont condamnés à le voir se répéter. »

Un deuxième court-métrage s'appelle *What Everyone Should Know About Jihad* (Ce que tout le monde devrait savoir à propos du Djihad). On y trouve effectivement ce que tout le monde devrait savoir concernant le djihad : que c'est un projet de domination et d'extermination mondiales qui ne connaît aucune frontière et n'accepte aucun compromis. Là, un commentaire dit en une seule phrase ce qui devrait être évident aux yeux de tout être humain doué de rationalité : les armées du djihad sont parmi nous. Les photos qui accompagnent le commentaire montrent des manifestants, en divers points de la planète, brandissant des panneaux porteurs de propos imprégnés d'une haine absolue dont il faut avoir conscience. Quoi qu'on dise en Europe pour nous endormir, nous sommes en guerre, parce qu'on nous a déclaré la guerre. Ne pas mener la guerre, c'est accepter la mort, le meurtre de masse et la répétition, à l'infini, des pires atrocités.

Un troisième court-métrage, tout récent, a pour titre *What Really Happened in the Middle East*, (Ce qui s'est réellement passé au Moyen-Orient). Il y est question de ce qui s'est déroulé au Moyen-Orient au cours des récentes décennies, mais le passé éclaire bien sûr le présent.

En une dizaine de minutes, une cinquantaine de phrases et quelques photos, tout est dit. Et je me conterai de reproduire ici les mots essentiels qu'il ne faut se lasser de répéter et de répéter encore. Il n'y avait pas et il n'y a jamais eu d'État arabe appelé Palestine. Il n'existait pas de « nation palestinienne », que les juifs auraient pu « spolier ». Les juifs ont été le peuple le plus persécuté et opprimé sur la surface de la terre. Les nazis ont voulu effacer les juifs de la surface de la terre et ont presque réussi.

Nombre des juifs exterminés par les nazis auraient pu être sauvés si divers pays leur avaient accordé l'asile : les portes sont partout restées fermées. Le Mandat palestinien a été créé sur un fragment du défunt empire ottoman. Dès 1922, quatre-vingts pour cent du territoire promis aux juifs ont été donnés aux Arabes et ont constitué ce qu'est aujourd'hui la Jordanie. Celle-ci pourrait constituer un État palestinien, si c'était là ce que les dirigeants arabes voulaient.

En 1948, les vingt pour cent restants ont été divisés entre un pays arabe et un pays juif, l'État d'Israël. Celui-ci était à l'époque constitué, à soixante pour cent, de terres désertiques. Par leur travail, les juifs ont fait fleurir le désert. Grâce aux sommes immenses déversées par divers donateurs, dont les Nations unies et les États-Unis, les Arabes auraient pu, eux aussi, ériger une société florissante, mais l'argent a fini, pour l'essentiel, sur les comptes à l'étranger de dirigeants corrompus et pour le reste, il a servi à la propagande, au terrorisme et aux achats d'armes.

Grâce à la création d'Israël, les juifs ont pu disposer, pour la première fois depuis deux mille ans, d'un État qui les protège, et cet État ne représente qu'un sixième de un pour cent des territoires musulmans du Proche-Orient. Mais un sixième de un pour cent, c'est déjà trop pour les dirigeants arabes et ceux qui les suivent. Depuis six décennies, les Arabes et les musulmans du Proche-Orient cherchent à détruire l'État juif par tous les moyens. Ils n'y sont pas parvenus. La guerre, souligne le film en tout cas, ne se mène pas à propos de « réfugiés », de « victimes » d'Israël ou de territoires : c'est une guerre de destruction. Chaque territoire cédé par Israël contre la « paix » devient aussitôt un nouveau nid terroriste.

Pendant la seconde guerre mondiale, les dirigeants arabes ont soutenu les efforts exterminateurs nazis : depuis, ils tentent d'achever ce que les nazis avaient entrepris. Le monde civilisé, conclut le film, s'il était à la hauteur des valeurs qu'il proclame, devrait dire « plus jamais ça ! ».

Grâce à des hommes tels que David Horowitz, on dit encore « plus jamais ça » en Amérique. En Europe, aujourd'hui, les gens scrupuleux et courageux semblent en voie de disparition. Si certains d'entre eux sont disponibles, ils savent ce qu'il leur reste à faire.

La propagande ne triomphe, pourrais-je dire, en paraphrasant Santayana, qu'à partir du moment où ceux qui pourraient la contrer préfèrent baisser les bras.

Durban II. Le retour
22 septembre 2007

Vous souvenez-vous de Durban ? C'est une ville en Afrique du Sud. C'est là qu'au mois de septembre, il y a six ans, l'Organisation des Nations unies a tenu une conférence planétaire consacrée au « combat contre le racisme ». La conférence s'était, à l'époque, rapidement transformée en une sorte de grand défouloir débordant de haine anti-israélienne et antisémite. Le représentant des États-Unis, dégoûté par ce qu'il voyait et entendait, s'était éclipsé. Les représentants européens, eux, étaient restés jusqu'au bout. Israël, faut-il le dire, n'avait pas été convié, et si un représentant israélien était venu, on lui aurait sans doute donné la place d'honneur, celle de celui qu'on attache au milieu du bûcher, avant d'y mettre le feu en vociférant des cris gutturaux.

On aurait dû parler beaucoup de Durban dans les médias, mais les attentats du 11 septembre 2001, survenus très exactement au moment où Durban s'achevait, ont escamoté, par leur horreur, ce qui, par comparaison, pouvait apparaître comme une réunion banale.

Du temps a passé depuis, de multiples événements se sont produits, une guerre contre le terrorisme islamique s'est trouvée enclenchée, des réformes de surface sont intervenues à l'ONU, l'oubli a joué son rôle, mais, comme une tumeur cancéreuse non soignée, ce qu'on pourrait appeler « l'esprit de Durban » a subsisté et a même grandi.

Et aujourd'hui, Durban fait son retour. Dans un autre lieu, mais avec les mêmes participants, les mêmes financiers et, pourrais-je dire, les mêmes complices.

Un comité préparatoire de ce qu'il faudrait appeler Durban II s'est mis en place au début du mois de septembre. Comme pour Durban I, cela se passe sous l'égide de la branche des Nations unies consacrée aux « droits de l'homme ». Et comme pour Durban I, on peut voir, en examinant la composition de ce comité, de quelle conception des « droits de l'homme » il s'agit, puisque la présidence du comité revient à la Libye, et la position de rapporteur des travaux à Cuba. L'Iran est simplement membre de la branche exécutive.

Durban II devrait se tenir au printemps 2008, et on a déjà une idée de ce qui sera au programme : lutte contre le racisme et l'islamophobie – qui, cela va de soi, est considérée comme une forme de « racisme » dans ce genre d'instance –, combat pour la liberté religieuse – en gros, la liberté de pratiquer le prosélytisme islamique sur les cinq continents en général, et en Europe en particulier. Ainsi que le notait Anne Bayefski du Hudson Institute, dans un article récent, les organisations non gouvernementales participantes ne citent le nom d'Israël qu'en le prenant avec de longues pincettes et en le plaçant entre guillemets ; elles préfèrent, en général, parler de l'entité sioniste, voire de la « très provisoire entité sioniste ». On trouve parmi ces ONG l'International Islamic Relief Organization, dont les branches indonésiennes et philippines sont officiellement accusées par le gouvernement américain de contribuer au financement d'al Qaida.

Il faut s'attendre à ce que, en termes d'expression de haine anti-israélienne et antisémite, Durban II surpasse Durban I. Cette orgie d'antisémitisme sera financée à hauteur d'environ vingt pour cent par de l'argent américain, non pas parce que les États-Unis ont la moindre envie de financer ce genre de chose, mais parce que les États-Unis sont membres des Nations unies, et qu'ils contribuent, à ce titre, au financement global de celles-ci et, par voie de conséquence, au financement spécifique d'actions décidées au sein de celles-ci, aussi ignobles soient-elles.

Les pays composant l'Union Européenne financent eux aussi Durban II, par l'intermédiaire des Nations unies, mais en supplément, ils se gardent bien de dénoncer ce qui se prépare et s'en font, de facto, les complices. Par peur, remarque encore Anne Bayefski, de « ternir la réputation » d'une institution qui, décidément, n'a plus rien à voir avec ce qu'elle a pu être au moment de sa fondation. L'ONU ressemble toujours davantage à un club de dictateurs, de criminels et d'esprits totalitaires captant indûment, pour des objectifs morbides, des sommes d'argent que les membres de ce club seraient incapables de gagner honnêtement et de manière productive.

Les Européens, relève toujours Anne Bayekski, ont également peur de « paraître faibles ». Et la peur de paraître faibles les mène à se conduire de manière servile devant des gens qui les méprisent et qui, sans aucun doute, songent que, s'ils parviennent, comme ils l'espèrent, à « en finir avec Israël », ils pourront, dans une prochaine étape, achever le processus de soumission de la région du monde qui a vu naître la civilisation occidentale. Il s'agit d'une région qui est désormais très vieille, très myope, et très prisonnière d'un renoncement à être et à subsister. Renoncement que rendent acceptable, scrupuleusement et impitoyablement, les gardiens du « politiquement correct ».

Ce que nous sommes et ce que c'est que la liberté
11 novembre 2007

Le contexte présent est difficile et complexe. Israël est poussé à faire des concessions par le gouvernement américain, qui entend, surtout, rallier une coalition de « régimes arabes modérés » pour faire face à l'ennemi principal de l'époque actuelle : l'Iran. Tout en craignant l'Iran, ces mêmes régimes arabes ne veulent pas apparaître trop conciliants face à Israël, de peur de se trouver soumis à une violence islamiste, qu'en même temps ils alimentent en sous-main, parce qu'elle constitue un excellent prétexte pour maintenir leurs pratiques politiques liberticides. Les dirigeants palestiniens continuent à montrer que, tout en parlant de « paix », ils continuent la guerre par d'autres moyens. Quant au gouvernement Olmert, il fait essentiellement comme s'il ne voyait rien, suivi en cela par Condi Rice et les dirigeants européens. Avant de revenir à ces entrelacs, parfois difficiles à démêler, j'entends ici renvoyer à quelques principes essentiels.

Il est des textes qui passent et s'effacent sitôt ils sont imprimés, ce sont précisément ceux qui font, en général, « l'actualité ». Il en est d'autres qui sont porteurs d'une force et d'une vérité qui les rend éternels, et qu'il faut relire de façon régulière pour accéder à la lucidité. Entrent dans cette seconde catégorie les grandes œuvres de l'humanité telles que la Bible ou, en Orient, les « Quatre Livres », de Confucius, bien sûr. Il en est ainsi, aussi, de *L'Art de la guerre* de Sun Tzu. Nous sommes dans une époque, aujourd'hui, maintenant, où relire Sun Tzu est, à l'évidence, très utile. Je me concentrerai ici tout particulièrement sur l'une de ses phrases : « Si tu connais ton ennemi et si tu te connais toi-même, tu n'as pas à craindre le résultat de centaines de batailles. »

J'ai choisi cette phrase parce qu'elle me semble mettre en exergue la difficulté essentielle de ce temps troublé, et, par conséquent, le danger majeur auquel nous sommes confrontés. Nous, qui vivons dans des sociétés de liberté, en Europe, en Amérique, en Israël, ne savons plus vraiment, ou plus toujours, ce que nous sommes et ce que c'est que la liberté. Nous ne savons plus qui est notre ennemi. Nous courons, par conséquent, le risque d'être défaits, et nous ne pourrons remédier à ce risque qu'en remédiant à cet état de fait.

1. Commençons par ce que nous sommes. Nous, globalement, les Occidentaux, sommes transis par l'oubli. Nous oublions que la liberté de parole, d'initiative, de création, dont nous disposons, a dû être conquise face aux superstitions, à l'obscurantisme, à l'arbitraire, à l'intolérance, aux prétentions de certains de détenir le pouvoir absolu. Nous oublions ce que nous devons à ceux qui ont revendiqué le « droit d'avoir des droits » en disant que l'être humain, parce qu'il est un être humain, parce qu'il a une conscience et une individualité singulières, ne peut être traité comme un objet ou considéré comme un animal. Nous oublions que les droits naturels de l'être humain doivent être affirmés et défendus au fil de combats incessants contre ceux qui cherchent à détruire, éroder ou nier ces droits. Nous oublions qu'une société de droit est toujours assiégée de l'extérieur et de l'intérieur par ses ennemis, et doit, sans cesse, pour survivre et durer, voir ses valeurs se trouver réaffirmées. Nous oublions ce que nous devons à la connaissance, à la possibilité de dire qu'il y a une différence entre la vérité et la fausseté ou entre le bien et le mal, et à l'aptitude à nous tenir debout, les yeux ouverts et vigilants, que nous devons préserver.

Cet oubli est à l'œuvre en Israël depuis un certain temps déjà : depuis que divers « nouveaux historiens » sont venus repeindre l'histoire du pays aux couleurs délétères du relativisme, depuis que des politiciens, pour des raisons très politiciennes, ont accepté de reprendre à leur compte des mensonges fabriqués par les ennemis d'Israël, et depuis que des mouvements comme « la paix maintenant » font de la paix dont ils parlent un absolu tel que l'accomplissement de cet absolu aboutirait à la destruction définitive d'Israël.

Il est aussi à l'œuvre en Europe où l'histoire s'oublie sans qu'il soit nécessaire de la repeindre, où on prétend inventer une civilisation où tout pourrait se régler par voie diplomatique et par quelques sourires, et où on prétend aussi qu'il n'est nul dictateur, nul tortionnaire, et nul génocidaire avec qui on ne puisse négocier jusqu'à ce que les négociations aboutissent.

Il est à l'œuvre encore aux États-Unis, où des gens tels que Jimmy Carter – à qui on doit l'arrivée au pouvoir de Khomeiny et, partant, la création du Hezbollah au Liban –, et de nombreux autres membres de la gauche démocrate pensent que le terrorisme islamique existe parce que le monde occidental n'est pas assez gentil et généreux avec le monde arabe et musulman, et sont persuadés que l'obstacle essentiel à la paix au Proche-Orient est l'absence de concessions suffisantes de la part d'Israël.

Cet oubli se trouve renforcé par des livres et des articles qui brodent sur ces thématiques, tels celui de Walt et Mearsheimer, *The Israel Loby*, par des reportages télévisés qui renvoient dos à dos l'agresseur et l'agressé, le criminel et celui qui essaie de se défendre contre le crime, voire par des émissions spéciales telles que *God's Warriors* (Les Guerriers de Dieu) de Christiane Amanpour, diffusée planétairement voici peu sur CNN, où les principaux perturbateurs de la « tolérance » et de la « paix » apparaissaient être des évangélistes texans défendant l'existence d'Israël, et des juifs israéliens, s'opposant, par « fanatisme », à un repli en deçà des frontières de 1967 et à un retour en Israël de quatre millions de réfugiés, grâce à qui, effectivement, il n'y aurait plus de « problème » puisqu'il n'y aurait plus d'État d'Israël.

Pour contrer cet oubli, il y a, en Israël, quelques publications et journalistes : au-delà de la *Mena*, je citerai *Israël magazine* de mon ami André Darmon, l'excellente revue *Azure*, le *Jerusalem Center for Public Affairs*, Barry Rubin et Caroline Glick, dont les chroniques dans le *Jerusalem Post* sont toujours éclairantes. Aux États-Unis, on relève des think tanks et des auteurs courageux, David Horowitz, Daniel Pipes, Norman Podhoretz. En Europe, quelques dissidents, qui prennent des risques pour dire encore ce qui doit l'être, et que les chiens de garde de la pensée unique entendent réduire au silence. Je dirai que c'est parce qu'il existe encore des gens à même de contrer cet oubli que celui-ci n'est pas hégémonique, et que tout n'est pas perdu.

2. Cela me conduit au deuxième point : savoir encore qui est notre ennemi. L'oubli de « qui est notre ennemi » est, en fait, le complément symétrique de l'oubli de « ce que nous sommes ». Lorsqu'on oublie ce que sont le droit, la liberté et le bien, lorsqu'on n'est plus capable de discerner les leçons de l'histoire et la vérité, on oublie ce que sont les négations du droit, de la liberté, du bien, de l'histoire et de la vérité, et on se fait des illusions graves sur les vecteurs de ces négations.

En Israël, les illusions ont été, ainsi, le processus d'Oslo – où se trouvait laissé de côté le fait que le « partenaire pour la paix » était un adepte de la falsification et un adversaire despotique voué à la guerre totale –, les dits « accords de Genève », où il s'agissait seulement pour des menteurs génocidaires de déterminer à quelle sauce Israël devrait être mangé, et quel rôle joueraient des idiots utiles réduits au rôle de condiments. Ces illusions se prolongent aujourd'hui dans la reprise de négociations dans le cadre d'Oslo, ou dans celui d'un clone du cadre d'Oslo, et dans la prorogation de ces négociations lors de l'éventuelle conférence d'Annapolis, si elle a lieu.

En Europe, ces errements sont rigoureusement et désespérément semblables, et le fait que processus d'Oslo et accords de Genève soient nés en Europe n'y est pas étranger. Tony Blair, ainsi, chargé désormais du dossier, va s'efforcer de faire avancer un « processus de paix », qui, s'il est bien un processus, n'a strictement rien à voir avec la moindre paix.

Aux États-Unis, les illusions n'ont pas le degré de prévalence qu'elles ont en Europe. Quand George Bush parle d'un État palestinien, il donne toujours, comme préalable, que cet État devra apporter les preuves qu'il sera démocratique et respectueux des droits de l'être humain, ce qui, pour l'Autorité palestinienne, ou ce qu'il en reste, équivaudrait à réaliser la quadrature du cercle. Il prononcera sans doute quelques paroles verbales à Annapolis, si Annapolis il y a. Des démocrates de gauche seraient prêts, eux, – tout comme les dits « réalistes » dans le camp républicain – à faire beaucoup de « sacrifices » fut-ce, selon l'expression de Bush père et de James Baker, en « tordant le bras » à Israël.

Contrer ces illusions devrait être facile. Est-ce si difficile d'en revenir aux faits, de réexpliquer ce que sont mensonge et totalitarisme, et de dire qu'on ne peut faire la paix avec des totalitaires ? Il semble que oui, force est de le constater. Et ce n'est pas faute, pour les publications, journalistes et think tanks cités plus haut, de tout faire pour cela.

3. Ce qui nous mène au troisième point : le risque de la défaite.

Israël a gagné en 1947-1948, en 1967, en 1973, parce que les Israéliens savaient qu'ils se battaient pour une cause juste et pour leur survie. Le peuple d'Israël garde en lui la détermination requise pour résister, mais les semeurs d'illusions ont fait leur œuvre délétère, et cela a d'ores et déjà eu des conséquences, hélas très visibles, depuis plus d'un an : une guerre mal conduite, des morts inutiles, un gouvernement discrédité qui se maintient néanmoins au pouvoir.

L'Europe, elle, n'a pas à se battre, car elle a baissé collectivement la garde et s'est réfugiée dans l'anesthésie. Elle est enlisée dans le défaitisme préventif, une soumission qui ne dit pas son nom et la volonté lasse de sortir de l'histoire. Je crains de devoir dire qu'elle est déjà perdue, et je le dis avec tristesse, mais en ne pouvant esquiver les constats qu'ont faits, avant moi, Mark Stein dans *America Alone* ou Walter Laqueur dans *The Last Days of Europe*. Je doute que Nicolas Sarkozy puisse inverser la tendance, et je serais heureux de me tromper.

Restent les États-Unis. Et une fois encore, c'est sur eux que tout repose ou presque. George Bush sait « qui est l'ennemi » et qui « nous sommes » : c'est pour cela qu'il a été et reste si détesté par l'ennemi, par les adeptes de l'anesthésie et par les semeurs d'illusions. Des hommes tels que Rudy Giuliani, Joe Lieberman, John McCain ou Fred Thompson, pour ne citer qu'eux, savent eux aussi ce que sait Bush. Barack Obama, en face, a montré qu'il ne sait rien, et on peut légitimement se demander si Hillary Rodham Clinton sait quelque chose de plus que Jimmy Carter. On peut compter sur ceux qui détestent Bush pour tenter d'assurer la victoire de ceux qui ne savent rien ou savent fort peu. L'année qui vient sera difficile et décisive.

TABLE DES MATIÈRES

L'institut Turgot

L'institut Turgot est un centre de recherche et d'analyse consacré à faire avancer et à propager les idées de liberté dans les domaines économiques, politiques, culturels et institutionnels. Fondé en 2002 par Henri Lepage, économiste de renom international et par Jacques Raiman, entrepreneur et fondateur de GSI, il s'inspire du modèle constitué par l'Institute of Economic Affairs, créé à Londres au début des années 1950, et sans lequel ni les réformes des années Thatcher ni la réforme du parti travailliste opérée par Tony Blair et Gordon Brown n'auraient été possibles.

L'institut Turgot finance des recherches de fond réalisées par des économistes, des juristes, des historiens, des politologues. Il organise des conférences données par des spécialistes de renom, ainsi que des colloques. Il publie des articles et des livres en relation avec ses centres d'intérêt. Il élabore des propositions destinées à éclairer la réflexion des hommes politiques et des journalistes sur les problèmes clés de l'ère contemporaine.

Indépendant de tout parti politique, financé uniquement par des donateurs privés, l'Institut entend se situer dans le prolongement de l'héritage spirituel de tous ceux qui ont contribué à faire reculer les oppressions et servitudes et qui ont contribué à l'émergence et à la prépondérance du marché, de la démocratie libérale, du droit, de la liberté de choix et d'entreprise.

Ses travaux présents portent sur la propriété intellectuelle, la réforme des institutions et de la justice, la mondialisation, l'environnement, la finance, le marché de l'art, les nouveaux enjeux géopolitiques et stratégiques.

En une époque où le monde connaît de profonds bouleversements, où la France est confrontée à des nécessités de réforme profondes et diverses et où les enjeux de l'Union Européenne se trouvent redéfinis, l'institut Turgot entend se positionner comme l'une des références indispensables de ceux qui entendent penser et forger l'avenir.

INSTITUT TURGOT THINK TANK

Au service de la liberté

Achevé d'imprimer
par l'imprimerie Dupliprint (95)
pour le compte de
CHEMINEMENTS
en mars 2008

N° d'impression: 94847